Hedwig Kellner
Kreativität im Projekt

W0046832

Hedwig Kellner

Kreativität im Projekt

HANSER

Die Autorin:
Hedwig Kellner, Halstenbek

Die Deutsche Bibliothek – CIP-Einheitsaufnahme

Ein Titeldatensatz für diese Publikation
ist bei Der Deutschen Bibliothek erhältlich.

© 2002 Carl Hanser Verlag München Wien
Internet: http://www.hanser.de
Lektorat: Martin Janik
Technisches Lektorat: Lisa Hoffmann-Bäuml
Herstellung: Ursula Barche
Umschlaggestaltung: Parzhuber und Partner GmbH, München
Satz, Druck und Bindung: Kösel, Kempten
Printed in Germany

ISBN 3-446-21910-2

Inhalt

Online-Forum

Diskutieren Sie mit Hedwig Kellner über alle Fragen rund ums Projektmanagement: www.qm-infocenter.de/projektmanagement

Einführung

Innovationskraft und Kreativität sind wichtige Erfolgsfaktoren auf Ihrem beruflichen Weg. Die Unternehmen brauchen neue Ideen und initiieren zunehmend Projekte als Motoren für zukunftsweisende Entwicklungen.

Wenn Sie als Projektleiter Verantwortung übernehmen, dann werden Sie nicht mehr nur an Ihrer eigenen Kreativität gemessen, sondern auch an Ihrer Führungskompetenz. Sie müssen es schaffen, ein Team zügig zum Ziel zu führen. Als Projektleiter haben Sie vermutlich das Problem, dass Ihnen Ihre Teammitglieder nicht disziplinarisch unterstellt sind. Sehr oft findet Projektarbeit auch neben der üblichen Linienarbeit statt. Dann ist es Ihre Kunst, das Team motiviert zu halten! Wie Sie von sich selber wissen, macht Arbeit dann am meisten Spaß, wenn man eigene Ideen einbringen und gestalterisch tätig werden kann.

Kreativität ist für Ihr Team einer der wichtigsten Motivatoren. Wie Sie kreativ im Projekt arbeiten können, das soll Ihnen dieses Buch vermitteln. Es werden Ihnen bewusst nicht alle nur denkbaren Kreativtechniken in allen ausgefeilten Feinheiten vorgestellt, sondern gezielt die Techniken, die Sie und Ihre Mitarbeiter schnell pragmatisch einsetzen können. Denn auch das ist leider Projektrealität: Vermutlich stehen Sie unter Termindruck und wollen zügig zu Ergebnissen und pünktlich zum Ziel kommen.

Dieses Buch ist wie folgt aufgebaut: Im ersten Kapitel lesen Sie, was grundsätzlich an Voraussetzungen für kreatives Arbeiten gegeben sein muss. Gute Ideen kommen schließlich nicht als plötzliche „Musenküsse" aus dem Nichts. Im zweiten Kapitel werden Sie auf mögliche Kreativitätshindernisse aufmerksam gemacht. Das sind oft genau die Faktoren, bei denen man es am wenigsten erwartet. Im dritten Kapitel geht es um verschiedene Arten des kreativen Denkens. Vor allem für Ihre Führungsarbeit ist es wichtig, dass Sie sich die individuellen Stärken Ihrer Teammitglieder bewusst machen und jedem optimale Chancen zur Mitarbeit geben. Im vierten Kapitel lesen Sie über verschiedene Auslöser für Ideen oder auch schon für konkrete Projekte. Das kann Ihnen Anregungen geben, wenn Sie sich im Interesse Ihrer Karriere selbst ein Projekt „an Land ziehen" wollen. Im fünften Kapitel lernen Sie die wichtigsten Techniken kennen, mit denen Sie und Ihr Team Ideen für Ihr Projekt generieren können. Da oft die ersten Ideen noch nicht perfekt sind oder zu viele Möglichkeiten der Weiterarbeit offen lassen, brauchen Sie auch die Techniken der kritischen Beleuchtung, die im sechsten Kapitel beschrieben sind. Im siebten Kapitel geht es darum, wie Sie aus den Ideen konkrete Ergebnisse in der Projektarbeit machen. Dazu ist natürlich das Planen ein wichtiger Schritt. Im achten Kapitel finden Sie Anregungen, wie Sie die Vorteile Ihres Projektes überzeugend darstellen können. Sie wissen ja, dass Leistungen, die nicht durch geeignete Werbemaßnahmen publik gemacht werden, leicht übersehen oder unterschätzt werden. Sie sind es Ihrem eigenen Ansehen und auch den Karrierewünschen Ihrer Teammitglieder schuldig, dass Sie für Public Relation sorgen. Auch dazu brauchen Sie kreative Ideen. Im neunten Kapitel geht es um einen besonders interessanten Aspekt kreativen Arbeitens. Es geht um Zukunftslabors. Lesen Sie, wie Sie Ihrer Karriere durch Innovationskraft einen Schub geben können!

Zahlreiche Checklisten [✎], mögliche Hürden [▓] und Praxistipps [▶▶] sollen Ihnen die Umsetzung erleichtern. Den Abschluss jedes Kapitels bildet die Rubrik „Auf den Punkt gebracht" [☝], hier werden in knapper Form die wichtigsten Aspekte zusammengefasst.

1 Kreative Teams sind erfolgreich und motiviert

1.1 Sie brauchen Mitarbeiter mit Spaß am Projekt!

Wenn Sie als Projektleiter die Verantwortung für ein Vorhaben übernehmen, muss für Sie der erste Gedanke den Menschen gelten, mit denen Sie gemeinsam zum Ziel kommen wollen. Die besten Kreativitätstechniken können Ihnen nicht helfen, wenn Ihre Mitarbeiter im Grunde keine Lust haben, sich für das Projekt zu engagieren.

Projektarbeit läuft in vielen Unternehmen neben dem normalen Job nebenher und verlangt somit von den Beteiligten zusätzliches Engagement. Dieses Engagement bekommen Sie nur von Begeisterten. Verzichten Sie lieber auf den Top-Experten, der eigentlich nicht will, aber dessen Fachqualifikation angeblich unverzichtbar ist. Nehmen Sie lieber den unerfahrenen Anfänger, der sich lustvoll den Anforderungen stellt. Den Top-Experten können Sie im Laufe des Projektes immer einmal um Rat fragen, aber im Team hat er oder sie nichts verloren.

Als Projektleiter teilen Sie vermutlich das Schicksal vieler Ihrer Kollegen, dass Ihnen die Mitglieder Ihres Teams nicht unterstellt sind. Damit haben Sie kaum die Möglichkeit, durch Geld oder Karriereförderung die Motivation hoch zu halten. Viele Projekte kranken nach einem zunächst guten Start recht bald daran, dass die Mitarbeiter doch nicht die Zeit investieren können, die notwendig wäre. Im Zweifel geht immer der Linienjob vor. Der Vorgesetzte hat die Möglichkeiten, materiell oder mit Karriereaussichten zu motivieren. Kein Wunder, dass Mitarbeiter bei Überlastung zuerst die Projektarbeit beiseite legen. Wenn das Team jedoch von der Sache begeistert ist, findet sich die notwendige Zeit auch bei hohen Anforderungen im Tagesgeschäft. Menschen finden letztlich immer die Zeit, das zu tun, was ihnen Spaß macht. Das, was keinen Spaß macht, kann leider nicht erledigt werden.

Vergleichen Sie es mit dem Privatleben und den Projekten, die dort immer wieder anstehen. Wer zum Beispiel keine Lust hat, sich mit der Steuererklärung zu befassen, der hat auch bis unmittelbar vor dem Abgabetermin keine Zeit dafür. Beruf, Familie, Garten, Freunde und tausend andere Verpflichtungen füllen die Feierabende und Wochenenden komplett aus. Die Leute jedoch, denen es Lust bereitet, auch den letzten Euro vor dem Zugriff des Fiskus in Sicherheit zu bringen, die haben Zeit! Die horten Unterlagen, lesen Fachliteratur, reden mit anderen Steuerprofis und denken ständig darüber nach, was man noch absetzen kann. Kein Wunder, dass diese Leute viel mehr für sich „rausholen" als die Lustlosen, die schließlich notgedrungen auf den letzten Drücker noch schnell die Unterlagen für das Finanzamt fertig machen.

 Im Laufe des Projektes kann der Spaß auch einmal nachlassen. Es ist vor allem in frühen Phasen ganz normal, dass nach einem begeisterten Anfang mit vielen Ideen irgendwann ein „Durchhänger" kommt. Meinungsverschiedenheiten, lästiger Verwaltungsaufwand oder auch nur die Tatsache, dass sich viele Ideen wegen Zeit- und Ressourcenmangel nicht umsetzen lassen, können frustrieren.

Die mögliche Hürde eines „Durchhängers" oder einer „Frustphase" nehmen Sie am leichtesten, wenn Sie sich innerlich darauf einstellen, dass sie unweigerlich kommt und nichts mit Ihrer Projektführung zu tun hat. Um eine solche Phase schnell zu überwinden, sollten Sie nicht an Teamgeist oder Engagement oder andere Werte appellieren. Sie sollten auch nicht mit einem gemeinsamen Abendessen die Stimmung zu heben versuchen. Solche Scheinmotivatoren wirken nur kurzfristig, wenn überhaupt.

Sorgen Sie dafür, dass schnell erste sichtbare Ergebnisse zustande kommen. Machen Sie erste Erfolgserlebnisse dadurch möglich, dass schon kleine Zwischenziele erreicht werden. Das Gefühl „Wir haben schon einiges geschafft!" motiviert sofort, noch mehr zu schaffen. Und schon geht es lustvoll weiter!

Mit „Spaß" ist nicht gemeint, dass es immer lustig zugehen muss. Es geht darum, dass Ihre Mitarbeiter gerne für das Projekt arbeiten.

Spaß sorgt immer für die notwendige Zeit, den notwendigen Wissensdurst und für das Entwickeln von Ideen!

Wenn Sie Mitarbeiter in Ihrem Team haben, die durch Spaß an der Aufgabe getrieben sind, dann lässt sich der Erfolg Ihres Projektes kaum verhindern. Die Mitarbeiter selber treiben das Projekt voran. Sie denken über kniffelige Probleme nach, produzieren kreative Ideen und quetschen zur Not auch neben hohen Anforderungen im Linienjob immer noch die Zeit ein, die sie für das Projekt brauchen.

Wenn sich Ihr Team jedoch aus eher mäßig interessierten Fachleuten zusammensetzt, dann kann Ihnen das Frustrierende passieren, was viele Projektleiter kennen: Es beginnt mit einem hoffnungsvollen ersten Meeting, entwickelt sich zu einer Folge von weiteren Meetings mit Expertendiskussionen und immer wieder der Erkenntnis, dass man leider nicht genug Zeit hat, sich neben dem Tagesgeschäft ausreichend für das Projekt zu engagieren. Dem Projektleiter bleibt dann der Vorwurf nicht erspart: „Sie sind nicht in der Lage, mit einem Team von Experten Ziele zu erreichen."

 Die sieben Startmotivatoren

Noch zögerliche oder nicht ganz für die Aufgabe entflammte Mitarbeiter können Sie im ersten Meeting begeistern, wenn Sie gute Argumente für die sieben „Startmotivatoren" eines Projektes liefern können: Nützlichkeit, Wichtigkeit, Erfolgschance, Image, persönlicher Beitrag, Herausforderung, Karrierekick.

Am besten formulieren Sie zu jedem der Motivatoren – eventuell bezogen auf den einzelnen Mitarbeiter – vor:

▶ „Unser Projekt ist nützlich für (Kunden, Unternehmen, Umwelt etc.), weil ..."
▶ „Unser Projekt ist wichtig, weil ..."
▶ „Unsere Erfolgschancen sind ..."
▶ „Unser Projekt hat ein gutes Image durch ..."
▶ „Ihr persönlicher Beitrag für dieses Vorhaben soll sein ..."
▶ „Eine Herausforderung (Lernchance, kniffeliges Problem etc.) für Sie ist ..."
▶ „Für Ihre Karriere gewinnen Sie dabei ..."

Fazit: Wenn Sie ein Projekt in Ihre Verantwortung übernehmen, denken Sie zuerst darüber nach, wie viel Spaß Ihre Mitarbeiter für die Aufgabe mitbringen. Erst danach kommt die Frage nach der Qualifikation.

1.2 Kreative Menschen fühlen sich glücklicher als Unkreative

Psychologen suchen immer wieder nach den Voraussetzungen für persönliches Glück. Damit sind weniger die vorübergehenden Stimmungshochs gemeint, die bei Erfolgserlebnissen oder Glücksfällen auftreten. Es geht dabei eher um die dauerhafte positive Grundstimmung, die einen Menschen prägt und trägt.

Optimisten mit positiver Grundstimmung finden auch nach Enttäuschungen und Niederlagen letztlich zu ihrer glücklichen Einstellung zurück. Menschen mit einer eher negativen Grundhaltung finden ebenso auch nach wiederholten Glücksfällen letztlich zu ihrer pessimistischen Stimmung zurück.

Viele Faktoren spielen beim individuellen Glück eine wichtige Rolle. Geborgenheit im sozialen Umfeld, Gesundheit, materielle Sicherheit, Leben in einem freiheitlichen System, erfüllende Aufgaben und so weiter gehören dazu. Dabei gibt es natürlich individuelle Unterschiede. Für den einen Menschen ist das Familienleben das größte Glück, für den anderen liegt es in der Chance zu künstlerischem Gestalten, der dritte findet das Glück in einer leidenschaftlich betriebenen Wissenschaft, für den vierten spielt die soziale Anerkennung die wichtigste Rolle.

Eines haben die Psychologen übereinstimmend bei allen Glücklichen im Unterschied zu den Unglücklichen festgestellt: Die Glücklichen erleben sich als Menschen, die …

… sich selbst mit ihren Begabungen und Interessen ausleben können. Sie haben das Gefühl, dass ihr Leben ihnen die Chance gibt, das zu sein, was sie sind und das zu tun, was ihnen Befriedigung gibt.

Die Unglücklichen haben das Gefühl, dass sie eigentlich ganz anders sind als man sie sein lässt, dass sie mit Pflichten und Fesseln belastet sind, die sie an dem hindern, was sie eigentlich möchten. ... selbst über die Gestaltung ihres Lebens zumindest mitbestimmen. Sie erkennen die Möglichkeiten, aktiv das zu ändern, was ihnen nicht gefällt und erfolgreich für das zu kämpfen, was sie erreichen möchten. Wenn sich ihnen Widerstände in den Weg stellen, dann klagen sie nicht und warten nicht auf Hilfe, sondern suchen selbst nach Möglichkeiten, die Probleme in den Griff zu bekommen.

Die Unglücklichen erleben sich als Opfer. Andere, die stärker sind als sie selbst oder ungünstige Umstände hindern sie daran, auch glücklich zu sein. Sie glauben nicht daran, dass sie selbst etwas an den Dingen ändern können, die ihnen nicht gefallen. Also machen sie sich auch gar nicht erst die Mühe, darüber nachzudenken, was sie tun könnten.

Was bedeutet das für Ihr Projekt? Nehmen Sie unbedingt nur solche Mitarbeiter ins Team, die von ihrer Grundhaltung her optimistisch und glücklich sind. Miesmacher und Bedenkenträger drücken nicht nur auf die Stimmung, sie sind auch weniger kreativ. Sie werfen bei Engpässen schnell die Flinte ins Korn. Sie jammern, dass die Projektziele angeblich unrealistisch sind, dass die Ressourcen nicht reichen, dass das Management nicht genügend unterstützt und dass überhaupt die Ziele des Projektes wahrscheinlich nie erreicht werden.

Nehmen Sie Optimisten ins Team, die zwar sehen, wo mögliche Krisen, Hindernisse und Engpässe die Aufgabe schwierig machen können, die jedoch gut gelaunt an die Sache herangehen, weil sie damit rechnen, dass ihnen im Bedarfsfall ganz bestimmt die notwendigen Ideen zur Überwindung von Problemen kommen werden.

Wer an die eigenen Einflussmöglichkeiten glaubt, der strengt das eigene Gehirn an und kommt unweigerlich auf Ideen. Das wiederum erhöht sie Erfolgschancen und macht glücklich. Somit sind kreative

Menschen glücklicher als Unkreative. Und wenn Sie gezielt glückliche Optimisten ins Team holen, dann holen Sie damit Kreativität ins Projekt.

Achten Sie schon beim ersten Projektworkshop darauf, wer gute Stimmung verbreitet und über die tollen Chancen nachdenkt und wer bereits mit düsteren Prognosen und Gejammer den Teufel des Scheiterns an die Wand malt.

 Es kommt gelegentlich vor, dass Führungskräfte gezielt solche Mitarbeiter an Projekte abgeben, die sie selbst loswerden wollen. Dabei wird dann gerne an das soziale Gewissen des Projektleiters appelliert: „Nehmen Sie doch den Müller in Ihr Team. Der braucht die Motivation."

Ihnen bleibt dann scheinbar nur die Wahl, notgedrungen den Müller zu nehmen, den der eigene Chef nicht mehr will oder ein mieser Projektleiter zu sein, der dem armen Müller die Motivation nicht gönnt. Vor allem, wenn Sie eine Frau sind, könnte man Sie mit solchen moralischen Erpressungen unter Druck zu setzen versuchen. Lassen Sie sich nicht darauf ein!

Wenn man Ihnen einen Problemmitarbeiter unterschieben will, dann reagieren Sie am besten wie folgt:

1. Erinnern Sie den Linienvorgesetzten an seine eigene Verantwortung für die Motivation seiner Mitarbeiter.
2. Sagen Sie unmissverständlich, dass Sie die Priorität haben, Ihr Projekt zum Ziel zu führen und nicht eine Therapiegruppe für Unmotivierte oder Schwierige leiten.
3. Machen Sie auch unmissverständlich deutlich, dass Sie sich für das Wohlfühlen der anderen Mitarbeiter im Projekt verantwortlich fühlen. Sie werden Ihrem Team demnach keine Person zumuten, die bereits woanders Probleme verursacht.

Was aus dem Müller wird, ist die gemeinsame Aufgabe des Linienvorgesetzten und des betreffenden Mitarbeiters selbst. Grenzen Sie sich bitte ab! Ihr Job ist es, ein positives Team um sich zu sammeln und gut bei Laune zu halten.

Eines müssen Sie unbedingt auch bedenken: Glückliche glauben nicht nur daran, dass sie Einfluss nehmen können, sie wollen auch Einfluss nehmen. Wenn Sie als Projektleiter zu streng führen und Ihre Mitarbeiter zu sehr zu reinen Ausführenden machen, verlieren Sie die Besten. Die Kreativen haben auch ziemlich schnell gute Ideen, wie sie sich aus einem Projekt wieder ausklinken können, wenn es ihnen nicht gefällt. Geben Sie Ihren Mitarbeitern den Freiraum, den sie für ihre Kreativität brauchen. Als Projektleiter wollen Sie ein motiviertes Team zum Erfolg führen und nicht mit Frustrierten gemeinsam über Mangel an Ressourcen, zu wenig Zeit oder sonstige Probleme klagen, die Sie offensichtlich nicht in den Griff bekommen haben.

Deshalb ist auch Ihre eigene glückliche Grundeinstellung wichtig für das Projekt. Gehen Sie immer mit dem Optimismus daran, dass Sie es schaffen können und den Erfolg zum größten Teil selbst in der Hand haben. So ist es ja auch!

1.3 Kreativität braucht solides Fachwissen

Es ist richtig, dass Sie im Zweifel Begeisterte für Ihr Projekt lustlosen Experten vorziehen sollten. Das bedeutet jedoch nicht, dass Sie ohne Fachleute auskommen können. Kreativität ist keine Gedankenspielerei im luftleeren Raum. Geistesblitze kommen nicht plötzlich aus dem Nichts. Sie basieren immer auf dem, was die betreffende Person zum relevanten Thema bereits weiß und kennt.

Ein Mediziner hat die größte Kreativität im medizinischen Bereich. Auch ein medizinischer Laie kann im medizinischen Bereich kreativ sein und zum Beispiel ein neues chirurgisches Instrument oder eine neue Anwendung von IT-Technik erfinden. Aber dann hat der Laie sich bereits vorher mit medizinischen Fragen befasst.

Wo sind Sie kreativ? Auch Sie haben Ihre besten Ideen in den Bereichen, in denen Sie sich auskennen und mit denen Sie sich immer wieder gedanklich befassen. Wenn Sie sich weder beruflich, noch in der Freizeit jemals mit Malerei beschäftigen, dann ist es höchst unwahrscheinlich, dass Sie per Geistesblitz neue Techniken für die Entwicklung dauerhaft leuchtender Farben entwickeln.

Das Typische an Projekten ist, dass Sie mit neuen Themen und bisher unbekannten Problemen konfrontieren. Sie und Ihre Mitarbeiter können in vielen Dingen nicht auf Erfahrungen zurückgreifen oder mit dem Wissen auskommen, dass Ihnen im bisherigen Linienjob gereicht hat. Sie sollten regelmäßig mit Ihrem Team in einem Workshop den folgenden Fragen nachgehen:

▶ Welches Wissen fehlt uns für die weiteren Projektschritte?

▶ Welche Informationen brauchen wir auch noch?

▶ Welche externen Fachleute wissen zu der Sache mehr als wir?

▶ Wo können wir das fehlende Wissen oder die notwendigen Informationen bekommen?

▶ Wer kann uns beraten oder anders als Fachexperte helfen?

Und dann beauftragen Sie einzelne Mitarbeiter, sich bis zum nächsten Termin als „Knowledge Scouts" auf die Pirsch zu machen, dem Team das an Wissen und Informationen oder Expertenkontakten zu beschaffen, was gebraucht wird. Sie werden sehen, wie sich Ihre Mitarbeiter um den Auftrag reißen. Recherche macht Spaß!

Kreative Ideen mögen beim Duschen kommen oder sich im Schlaf aus einem Traum heraus kristallisieren. Eines ist sicher: Das Gehirn des Kreativen kennt das Thema und kombiniert die neue Idee immer mit dem, was es bereits weiß.

Sie brauchen deshalb unbedingt Fachleute in Ihrem Projekt. Deren Kreativität soll das, was bereits zum Thema bekannt und ausprobiert ist, weiterführen zu Neuem. Sie brauchen natürlich auch interessierte Laien. Aber auch hierbei ist es wichtig, dass sich die Laien für die Sache interessieren und sich Wissen dazu beschaffen. Die Laien haben oft den neutraleren Blick auf das Projekt und sein geplantes Ergebnis. Laien kommen bei Problemen nicht selten zu verblüffend einfachen Lösungen, wo sich die Experten über immer kompliziertere Varianten die Köpfe heiß reden.

Ein Team nur aus Fachleuten ohne Laien läuft Gefahr, etwas zu produzieren, was am Ende keiner haben will. Denken Sie nur an die vielen kleinen Software-Firmen, in denen IT-Experten an den Bedürfnissen möglicher Anwender vorbei Produkte entwickeln, die sich dann natürlich am Markt nicht durchsetzen. Denken Sie an die leeren Theater, in denen solche Stücke aufgeführt werden, die außer den elitären Theatermachern kaum noch jemanden interessieren.

Sic brauchen in Ihrem Projekt kreative Experten, damit Neues von hoher Qualität entsteht. Sie brauchen außerdem kreative Laien mit Interesse am Thema, damit die Experten mit Außenseitermeinungen konfrontiert werden. Mit Experten und Laien gemeinsam können Sie ein Ergebnis erreichen, dass dann nicht nur dem Projektteam selber gefällt, sondern auch von denen akzeptiert wird, die Sie als Zielgruppe vor Augen haben.

Vergewissern Sie sich deshalb unbedingt vorab, ob Ihre Mitarbeiter ausreichend Kenntnisse mitbringen. Finden Sie heraus, ob das Wissen aktuell ist und ob Interesse und Lernfreude erwarten lassen, dass Wissenslücken engagiert geschlossen werden.

 Fragen zum Fachwissen im Team

Riskieren Sie es lieber gar nicht, ein Projekt nur mit kreativen aber ahnungslosen und nicht interessierten Laien zu starten. Sobald Sie wissen, wer für die Mitarbeit im Projekt vorgesehen ist, sollten Sie einmal mit folgenden Fragen abklopfen, ob aus fachlicher Sicht die Basis für ein Erfolgsprojekt gegeben ist:

▶ Welches Wissen bringen die Mitarbeiter mit?

▶ Ist die Summe des individuell vorhandenen Wissens zumindest für den Start ausreichend?

▶ Welche praktischen Erfahrungen werden ins Projekt eingebracht? Von wem?

▶ Wie halten die Mitarbeiter bisher ihr Wissen auf aktuellem Stand?

▶ Welches Fachinteresse bringen die Mitarbeiter mit?

▶ Wie schätzen Sie die selbstständige Lernfähigkeit und die Lernbereitschaft ein?

▶ Können Sie davon ausgehen, dass die Erfahrenen und Wissenden die Einsteiger ins Thema freizügig unterstützen werden?

▶ Können Sie davon ausgehen, dass die weniger Erfahrenen die Chance nutzen, in der Zusammenarbeit mit den Profis zu lernen?

▶ Sind die Mitarbeiter bezüglich des Themas neugierig?

▶ Können Sie selbst es ertragen, Mitarbeiter zu führen, die zum Thema mehr wissen als Sie?

Gehen Sie immer davon aus, dass Personen, die zu einem Thema über kein oder nur über veraltetes Wissen verfügen, sich auch nicht dafür interessieren. Niemals produziert ein Gehirn kreative Ideen zu etwas, was es nicht interessiert. Im Gegenteil! Es wird Sachverhalte, die sich auf das betreffende Thema beziehen, bevorzugt aus dem Gedächtnis löschen.

1.4 Erfolgreiche Menschen sind nicht nur kreativ

Kreativität ist eine wichtige Voraussetzung für Erfolg. Sie brauchen in Ihrem Projekt nicht nur zu Beginn gute Ideen für den Start, sondern im Verlauf der Arbeit immer wieder. Hindernisse sind kreativ zu überwinden, neue Erkenntnisse machen neue Denkansätze erforderlich, neu erkannte Chancen eröffnen weitere Möglichkeiten, mit denen weder Sie noch Ihr Team gerechnet haben.

Kreativität allein reicht jedoch nicht. Was nutzt die beste Idee, wenn sie nicht umgesetzt wird? Was nutzt die beste Umsetzung, wenn das Ergebnis keine Akzeptanz findet?

Die Welt ist voll von kreativen Menschen, die tolle Ideen in ihren Schubladen horten und auch gerne darüber reden, was sie alles hätten erreichen, tun, entwickeln und gründen können aber nicht haben. Die Welt ist auch voll von Menschen, die verschiedene Vorhaben zwar irgendwann einmal beginnen, dann aber nicht zu Ende führen.

Kreativität ist eine wichtige Voraussetzung für Ihren Projekterfolg. Folgendes ist jedoch ebenso notwendig:

1. Der richtige Zeitpunkt

Wenn eine Idee oder ein Projektprodukt zu früh kommt, kann es Probleme mit der Akzeptanz geben. Dann ist der Markt einfach noch nicht reif dafür. Auf der anderen Seite darf man auch nicht zu spät damit sein. Dann haben andere bereits den Markt besetzt.

Sie können und müssen sich als Projektleiter um den richtigen Zeitpunkt bemühen. Aber nicht selten spielen auch Zufälle und glückliche oder missliche Umstände eine Rolle. Wenn Sie oder einer Ihrer Mitarbeiter über eine gute Nase für Trends verfügen, können Sie sich glücklich schätzen. Auf jeden Fall sollten Sie sich in dem Umfeld auskennen, für das Sie in Ihrem Projekt ein Ergebnis herstellen. Sie sollten sich auch nicht nur in Ihr Projekt versenken und nur auf Ihre Ziele konzentrieren, sondern stets im Auge behalten, wo an anderer Stelle vielleicht ähnliche oder gegenläufige Projekte stattfinden.

2. Entschlusskraft

Viele kreative Ideen kommen nie zum Erfolg, weil sie endlos zerredet werden. Das passiert vor allem den Perfektionisten und den Risikoscheuen. Sie haben durchaus gute Ideen, sind jedoch vom Ehrgeiz getrieben, erst einmal gründlichst zu recherchieren. Je mehr sie sich an Informationen beschaffen, desto klarer wird ihnen, was man über das Thema alles wissen und herausfinden kann. Damit wird ihnen natürlich auch bewusst, dass sie noch lange nicht alle Informationen besitzen. Also recherchieren sie, sammeln Infos, diskutieren, machen Notizen und werden immer schlauer aber auch immer ängstlicher.

Auch Bedenkenträger kommen oft nicht dazu, aus einer kreativen Idee etwas zu machen. Ständig sprechen sie sich mit irgendwem zu dem Thema ab. Mal hören sie diese Meinung und mal jene. In ihrem Streben, es jedem Recht zu machen, laufen sie von Pontius zu Pilatus und kommen nicht vom Fleck.

In vielen Unternehmen gibt es unter dem Titel „Arbeitskreis" solche „Kreativitätsleichen", die von Sitzung zu Sitzung nicht weiterkommen, jedoch immer neuen Stoff für Diskussionen bieten.

Irgendwann muss man einfach mal anfangen! Jedes Projekt hat am Anfang seine Unklarheiten und Risiken. Jedes Projekt gefällt irgendwem nicht. Bevor Sie sich zum Leiter eines „Arbeitskreises" machen lassen, sollten Sie die Sache lieber ganz aufgeben. Riskieren Sie es

einfach! Fangen Sie erst einmal an. Wenn es nicht auf Anhieb perfekt läuft, fällt Ihnen und Ihren kreativen Mitarbeitern bestimmt
eine Lösung ein. Notfalls kann man sogar wieder aufgeben und eine
andere Idee zu einem anderen Projekt führen. Was Ihnen nicht passieren sollte, ist entschlussloses Herumdiskutieren. Damit kommen
Sie nie zu Erfolg.

3. Opferbereitschaft

Wer sich auf ein Projekt einlässt, muss leidensfähig sein. Zusatz-
arbeit wird auf Sie und Ihre Mitarbeiter zukommen. Sie werden um
Ressourcen kämpfen müssen und vermutlich mit den Neuerungen
auf Widerstände stoßen. Projekte laufen auch nie konfliktfrei. Es
kommt zu Reibereien im Team, zu Rivalitäten mit anderen Projekten, zu Missverständnissen und echten Konfrontationen mit Interes-
sengruppen, die sich tangiert fühlen.

Sie und Ihre Mitarbeiter sollten sich vorher der Tatsache bewusst
sein, dass ein Projekt in aller Regel Stress im Hinblick auf hohe Ar-
beitsbelastung bedeutet und ein dickes Fell wegen unvermeidlicher
Konflikte notwendig macht.

Vielleicht muss einer Ihrer Mitarbeiter während der Projektphase
das abendliche Sporttraining einschränken. Ein anderer muss vielleicht am Wochenende Fachwissen erwerben. Ein dritter muss vielleicht Lieblingsaufgaben im Linienjob abgeben. Sie selbst müssen
womöglich Ihren Urlaub verschieben.

Klären Sie vorher, ob sich alle Teammitglieder der notwendigen Opfer bewusst sind und dennoch lustvoll mitmachen wollen.

4. Förderer

Als Projektleiter haben Sie im Unternehmen im Vergleich zu Linienvorgesetzten eine schwache Stellung. Ihnen gehört kein eigener Bereich, nicht einmal die Mitarbeiter sind Ihnen fest zugeordnet. Im
Zweifel werden die Bedürfnisse der Linienführungskräfte immer

vorgezogen. Hinzu kommt, dass die Führungsriege vermutlich ein gut eingespieltes Team darstellt. Man geht routiniert nach unge-schriebenen Spielregeln miteinander um, rangelt seit Jahren immer wieder die Macht- und Sympathiebeziehungen aus. Man weiß, wo bei bestimmten Themen die Vorlieben und Abneigungen liegen, man kennt die inoffiziellen Beziehungen von Koalitionen, Kooperationen und Rivalitäten. Auch wenn Sie die Führungskräfte alle gut kennen, so gehören Sie als Projektleiter nicht dazu. Innerhalb der Führungs-riege sind Sie Außenseiter der in schwierigen Situationen nie die Durchsetzungschancen hat wie eine etablierte Führungskraft.

Damit Sie zuverlässig die Mitarbeiter, Ressourcen und Hilfen be-kommen, die Sie brauchen, brauchen Sie starke Förderer unter den Mächtigen auf Ihrer Seite. Je höher Ihr Projekt im Unternehmen aufgehängt ist, desto besser für Sie.

Dazu brauchen Sie ein hohes Maß an sozialer Kompetenz. Es muss Ihnen möglichst gelingen, den Vorstand für Ihr Projekt zu begeis-tern. Nicht nur in den Anfangsphasen, damit das Projekt überhaupt genehmigt wird, sondern durchgängig, damit vor allem auch bei Engpässen und Rivalitäten um Ressourcen Ihre Interessen eine Chance haben.

5. Planerisches Denken

Eine kreative Idee hat oft etwas Spielerisches. Sie kann begeistern und als Vision motivieren. Es braucht jedoch einen gesunden Realis-mus, um von der Idee über eine kluge Planung letztlich zu einem handfesten Ergebnis zu kommen.

Das planerische Denken wird vor allem von Ihnen als Projektleiter erwartet. Sie haben mit Pragmatismus aus der Idealvorstellung der Ur-Idee ein realistisches Ziel zu entwickeln. Sie werden dann den Weg zum Ziel planen. Welche Meilensteine sind bis wann zu errei-chen? Welche Ressourcen werden Sie wann brauchen? Wie sieht „Plan-B" aus, sollten Pannen und Widrigkeiten das Vorgehen nach Plan behindern?

Dazu gehört auch, dass Sie Ihre Mitarbeiter straff nach den Plänen führen können. Je kreativer die Individuen sind, desto größer die Wahrscheinlichkeit, dass sie immer wieder aus dem Geplanten auszubrechen versuchen. Das tun sie nicht aus Mutwilligkeit, sondern weil ihnen weitere Geistesblitze in den Kopf kommen. Den neuen Ideen gehen sie dann natürlich lieber nach. Die Pläne können wie „Fesseln" empfunden und gesprengt werden. Wenn Sie nicht aufpassen, entwickelt sich das Team womöglich in eine Gruppe individualistisch arbeitender „Künstler".

Unkreative Mitarbeiter lassen sich tatsächlich viel leichter führen. Die halten sich an Pläne und Regeln, die von Vorgesetzten festgelegt werden. Aber Sie wollen sicherlich keinen reibungslos funktionierenden Ameisenstaat führen, sondern mit Kreativen gemeinsam erfolgreich sein.

Sie als Projektleiter müssen den Spagat schaffen, Ihr Team einerseits nach Plan in Richtung Ziel zu führen und andererseits so frei arbeiten zu lassen, dass der Quell der Kreativität nicht versiegt.

6. Disziplin

Es gibt Tugenden, die heute vielfach als spießig gelten: Pünktlichkeit, Ordnungsliebe, Loyalität, Zuverlässigkeit und Fleiß. Spießig hin oder her, wenn Ihre Teammitglieder nicht mit diesen Tugenden ausgestattet sind, kämpfen Sie spätestens nach der ersten Euphorie bei Projektstart auf verlorenem Posten.

Erfolgreich können Sie nur mit einem disziplinierten Team sein. Damit ist nicht stumpfsinniger Gehorsam gemeint. Gemeint ist, dass alle – Sie auch! – sich an Vereinbarungen halten, zuverlässig ihre Aufgaben erledigen und im Bedarfsfall eigene Vorlieben den Interessen des Projektes unterordnen.

Zur Disziplin gehört, dass man auch in Phasen von Lustlosigkeit und oder Routine weitermacht. Dazu gehört weiterhin, dass jeder Beteiligte auch ohne Kontrolle und Antrieb durch den Projektleiter gewissenhaft Termine einhält, sparsam mit Ressourcen umgeht und sich auch dann an einmal getroffene Entscheidungen hält, wenn man diese selbst anders getroffen hätte.

Zur Disziplin gehört außerdem die verbindliche Loyalität zum Projekt. Auch in Zeiten von Niederlagen und Widerständen durch Außenstehende werden die Ziele der gemeinsamen Vorhaben weiterhin treu verfolgt. Es darf kein „Schön-Wetter-Engagement" geben und Fluchttendenzen bei Problemen!

7. Werbung

Ihr Erfolg liegt nicht nur darin, dass Sie mit Ihrem Team ein gutes Projektprodukt herstellen oder ein hervorragendes Ergebnis erreichen. Zum Erfolg gehört auch die Akzeptanz durch diejenigen, die das Produkt annehmen oder mit dem Ergebnis leben sollen.

Ein Produkt, das keiner will, wird ein Ladenhüter. Ein Ergebnis, das keiner mag, wird ignoriert oder bekämpft.

Sie brauchen demnach Kreativität sowohl für Ihr Projekt, als auch für die Vermarktung dessen, was entsteht. Sie müssen die Zielgruppe und deren Erwartungen kennen. Sie müssen wissen, wie die Zielgruppe angesprochen werden will und wo Sie sie erreichen. Und dann muss Ihnen und Ihren Mitarbeitern etwas dazu einfallen, wie Sie sie ansprechen, überzeugen und begeistern wollen.

Ihre Werbung darf nicht erst nach Ende des Projektes einsetzen. Sie brauchen bereits während der Arbeit für Ihr Vorhaben eine gute Presse. Das ist vor allem dann wichtig, wenn Sie zum Beispiel auf längerfristige Förderung durch das Management, auf weitere Ressourcen oder auf die Zustimmung durch die Personalvertretung und ähnliches angewiesen sind.

Kreative Public Relation gehört vom ersten Projekttag an mit zu Ihren Aufgaben. Machen Sie das Ihren Mitarbeitern bewusst!

Für Ihren Projekterfolg brauchen Sie demnach sehr viel mehr als nur eine begnadete Idee am Anfang, ein motiviertes Team und Kreativitätstechniken für ergebnisorientierte Workshops. Erfolg hat immer auch mit Ehrgeiz, Durchhaltewillen und mühseliger Arbeit und einem positiven Image für das Projekt und sein Ergebnis zu tun.

Machen Sie die hier beschriebenen Erfolgsfaktoren zum Thema im ersten oder spätestens zweiten Workshop!

 Vielleicht denken Sie jetzt schon, dass das alles gut und schön in der Theorie ist, dass Sie jedoch in Ihrem Unternehmen leider Ihre Mitarbeiter nicht auswählen können. Sie müssen diejenigen nehmen, die verfügbar sind und die Ihnen zeitweise von den Linienvorgesetzten überlassen werden.

Das ist das häufigste Problem von Projektleitern. Ganz lässt es sich nicht lösen. Zwei Dinge müssen Sie jedoch vorab erkämpfen:

1. Sie brauchen zumindest ein kleines Kernteam von Mitarbeitern, das die beschriebenen Kriterien erfüllt. Dieses Kernteam muss Ihnen von Anfang bis zum Abschluss des Projektes fest zur Verfügung stehen. Die Mitglieder dieses Kernteams müssen sich darüber im Klaren sein, dass sie nicht nur für die fachliche Arbeit zuständig sind. Sie sollen gleichzeitig innerhalb des Gesamtteams für den richtigen „Spirit" sorgen und damit „mentale Trendsetter" des Engagements sein.

2. Sie müssen sich gegenüber Ihren Vorgesetzten die Kompetenz erkämpfen, dass niemand gegen Ihren Willen ins Projektteam kommt. Es darf nicht sein, dass Ihnen der Betriebsrat oder eine bestimmte Abteilung Zwangsmitglieder als „Aufpasser" oder „Lobbyisten" ins Projekt setzt. Diese Leute können bevorzugte Empfänger von Protokollen und Zwischenberichten sein. Sie können zu Entscheidungsprozessen hinzugezogen werden. Im Projekt selbst haben sie nichts verloren.

Dazu gehört auch, dass Sie als Projektleiter die Kompetenz haben müssen, ein Mitglied, dass sich im Verlauf der Arbeit zum Störfaktor entwickelt, aus dem Team ausschließen zu dürfen. Mit dieser Kompetenz unterscheiden Sie sich von den Linienvorgesetzten. Das muss auch so sein. Ihnen fehlen dafür schließlich andere Möglichkeiten der Motivation und Disziplinierung.

Fundamente Ihres kreativen Teamworkings

Bearbeiten Sie allein, mit dem Auftraggeber und/oder mit Ihrem Team die folgenden Fragen. Sichern Sie zu Beginn ab, dass die Fundamente Ihres Projektes solide gebaut sind!

▶ Haben sich alle Beteiligten freiwillig für die Mitarbeit an diesem Projekt entschieden?

▶ Sind Sie als Projektleiter überzeugt, mit diesem Team und mit der zugesagten Unterstützung durch das Management zum Erfolg kommen zu können?

▶ Werden Sie von allen Beteiligten in Ihrer Rolle als Projektleiter anerkannt?

▶ Ist den Mitarbeitern, deren Linienvorgesetzten und dem Management bewusst, welche Opfer von ihnen für das Projekt verlangt werden?

▶ Ist gesichert, dass Ihnen die zugesagten Mitarbeiter auch tatsächlich zur Verfügung stehen werden?

▶ Sind ausreichend externe Fachleute, Vertreter der Zielgruppe und vom Projekt Betroffene in die Arbeit und Ideenfindung eingebunden?

▶ Wird in ausreichendem Maße dafür gesorgt, Ihrem Projekt und dem entstehenden Produkt die notwendige Akzeptanz zu verschaffen?

 Als Projektleiter ist Ihre eigene innere Haltung für oder gegen das Projekt wesentlich für die Einstellung Ihrer Mitarbeiter. Übernehmen Sie niemals ein Projekt bei dem Sie weder an Nutzen und Wichtigkeit, noch an Erfolgschancen glauben. Machen Sie keine Projekte, von denen Sie sagen, man habe sie Ihnen „aufs Auge gedrückt". Finden Sie zunächst für sich selbst Argumente für die sieben Startmotivatoren. Holen Sie dann Mitglieder ins Team, die gemeinsam mit Ihnen sagen: „Dieses Projekt ist unser Baby!"

Vier Dinge sind für Sie wichtig:

1. Achten Sie bereits beim ersten Meeting darauf, ob alle Teammitglieder grundsätzlich optimistisch an die Sache herangehen und bereits Ideen äußern.

2. Verzichten Sie auf Appelle an „positives Denken". Sie können die Grundhaltung eines Menschen nicht beeinflussen. Suchen Sie lieber einen Vorwand, Miesmacher schnell aus dem Projekt zu entfernen.

3. Vergessen Sie nie, dass Sie als Leiter eines kreativen Teams oft „nur" die Rolle des Koordinators, Moderators, Initiators und Ressourcenbeschaffers spielen. Mit der traditionellen Chefrolle des Planers, Delegierers und Kontrollierers kommen Sie nicht weiter.

4. Klagen Sie niemals über die Geschäftsleitung, die anderen Führungskräfte, den Betriebsrat, den Mangel an Zeit und Ressourcen oder ähnliches. Egal, welche Nüsse zu knacken sind, Sie werden es schaffen. Zum
   Glück!

Es muss nicht jedes Mitglied Ihres Teams zu Beginn des Projektes bereits
Top-Profi in der Sache sein. Sorgen Sie jedoch dafür, dass alle zusammen
über ausreichend Wissen verfügen, damit das Projekt erst einmal auf den
Weg kommt. Dann muss jeder einzelne Mitarbeiter interessiert und neugierig
genug sein, sich selbst aktiv um Wissen und Informationen zu bemühen.

Sie können unmöglich ein Projekt zum Erfolg führen, wenn die Haltung der
Beteiligten ist: „Das kann ich nicht. Das weiß ich nicht. Da brauche ich erst ein
Seminar." Die richtige Einstellung zum Sachgebiet ist: „Ich weiß nicht genug,
deshalb mache ich mich schlau."

Machen Sie Ihrem Team bewusst, dass es bei dem Projekt nicht in erster Linie
darum geht, Kreativität um ihrer selbst willen zu betreiben. Es geht darum, die
Projektziele auf intelligentem und zügigem Weg zu erreichen. Kreativität ist
ein wichtiger Aspekt neben anderen, die ebenso wichtig sind: Entschlusskraft,
Disziplin, Beharrlichkeit und Planung.

2 Meiden Sie die typischen Erfolgsbremsen in Ihrem Projekt

2.1 Erfolgsbremse: Keine Zeitgrenzen

Vielleicht kennen Sie aus früheren Projekten das Phänomen, dass in den Anfangsphasen endlos diskutiert wird. Ein Meeting folgt dem anderen. Oft kommt als Ergebnis nicht viel mehr heraus als die Erkenntnis, dass viele Frage noch nicht beantwortet sind und man unbedingt noch einen neuen Termin für ein weiteres Meeting braucht. Und beim nächsten Mal werden die gleichen Dinge mit den gleichen Argumenten noch einmal durchgekaut.

Man meint, es sei sehr wichtig, die anstehenden Probleme und Aufgaben und möglichen Umsetzungsideen gründlich zu besprechen. Das mag richtig sein. Wenn man jedoch genauer hinhört, dann sind die ausführlichen Diskussionen oft gar nicht so gehaltvoll, wie sie sein könnten. Viel Zeit wird einfach so verplaudert. Viel Zeit geht mit dem beharrlichen Wiederholen der immer gleichen Argumente drauf. Viel Zeit geht mit dem Ereifern über unwichtige Nebensächlichkeiten verloren.

 Effektivität Ihrer Projektmeetings

Selbstverständlich sollen Sie nicht ohne reifliche Überlegung und gründliche Diskussionen in die Umsetzungsarbeiten des Projektes stürzen. Es geht darum, dass Sie und Ihr Team nicht zu viel kostbare Zeit in ergebnislosen Besprechungen vergeuden, die Ihnen gegen Ende des Projektes fehlt.

Gehen Sie mit Ihren Mitarbeitern nach einem Meeting folgenden Fragen nach:

▶ Zu welchen Ergebnissen sind wir heute gekommen?

▶ Welche neuen Standpunkte sind heute auf den Tisch gekommen?

▶ Welche Argumente waren heute neu?

▶ Zu welchen neuen Erkenntnissen sind wir heute gekommen?

▶ Welche konkreten Aufgaben für die Weiterarbeit am Projektprodukt haben wir heute aus den Diskussionen generiert?

▶ Wenn wir das Ergebnis des heutigen Meetings mit dem des letzten vergleichen: Um wie viel sind wir damit unserem Projektziel näher gekommen?

▶ Was hätte uns für die Erreichung unseres Projektziels gefehlt, wenn wir auf das heutige Meeting verzichtet hätten?

▶ Was können wir jetzt weiterarbeiten, was ohne das Meeting nicht möglich gewesen wäre?

Fragen Sie nach, ob es sich gelohnt hat, dass Sie alle zusammen kostbare Arbeitszeit in dieses Meeting investiert haben. Fragen Sie nach, ob wieder einmal nur

▶ die ewig gleichen Standpunkte breitgetreten wurden,

▶ längst bekannte Argumente wiederholt wurden oder

▶ notwendige Entscheidungen besprochen aber nicht getroffen wurden.

Wer am Anfang eines Projektes darauf drängt, endlich zur Tat zu kommen, gilt schnell als Störer des harmonischen Teamfindungsprozesses oder als Hektiker oder als Pfuscher, der nur eine Schnell-Schnell-Lösung ohne gründliche Vorbereitung durchdrücken will.

Dafür kommt es gegen Ende des Projektes unweigerlich zu Zeitdruck. Der Abschlusstermin sitzt im Nacken, und an allen Ecken und Enden ist noch unglaublich viel zu tun. Jetzt kann weder von Teamharmonie, noch von Qualität die Rede sein! Der Stress und die Überstunden gehen an die Substanz. Feierabend gibt es nicht mehr. Bis in die Erschöpfung muss darum gekämpft werden, wenigstens einigermaßen pünktlich fertig zu werden.

Der Volksmund sagt: „Am Abend werden die Faulen fleißig."

Von vielen Mitarbeitern, Kollegen, Freunden und vielleicht sogar von sich selbst kennen Sie die Aussage: „Ich kann am besten auf den letzten Drücker arbeiten!"

Es ist nun einmal so, dass die meisten Menschen einen Termin brauchen, um sich aufzuraffen, etwas zu tun oder sich konkrete Gedanken zu machen. Wer irgendwann einmal den Garten umgestalten will, hat vage Vorstellungen und denkt gelegentlich darüber nach.

Wer einen festen Termin vor Augen hat und erkennt, dass die Zeit knapp wird, der macht sich konkretere Gedanken, sucht gezielt nach Ideen, entwickelt Pläne und macht sich ans Werk. Die kreativen Ideen kommen oft überhaut erst mit dem Fortschritt der Arbeit!

Kreativität ist nicht das, was vorher passiert, sondern das, was bei der Umsetzung passiert. Dazu muss man allerdings erst einmal anfangen. Dazu wiederum müssen die meisten Menschen offensichtlich mit Zeitdruck angestoßen werden.

Künstler kennen das Phänomen. Wer nur herumsitzt und auf den Musenkuss wartet, dem fällt nichts ein. Wer jedoch noch einige Bilder bis zum Ausstellungstermin fertig haben oder den Text eines Drehbuches pünktlich einreichen muss, dem kommen Ideen!

2.2 Erfolgsbremse: Scheu vor dem Schriftlichen

Sie werden es bei den ersten Meetings oder Workshops erleben, dass manche Mitarbeiter sich zunächst dagegen sperren, sofort schriftlich zu arbeiten. „Wir sollten erst mal darüber reden", argumentieren sie oder: „Aufschreiben können wir hinterher immer noch!"

Oft steckt die Gewohnheit aus anderen Besprechungen hinter der Scheu vor dem Schriftlichen. Es wird halt immer erst einmal diskutiert, dann wird abgestimmt und beschlossen. Die Ergebnisse kommen ins Protokoll, werden publiziert und sind danach verbindlich. Kein Wunder, dass manche Mitarbeiter davor zurückschrecken, sich durch zu frühe Schriftlichkeit zu früh irgendwie festlegen zu müssen.

Hinter der Scheu vor dem Schriftlichen kann auch ein Streben nach Perfektion stecken. Es widerstrebt einigen Menschen „ins Unreine" zu arbeiten. Sie wollen zuerst alles genau durchdiskutieren. Das gibt ihnen das Gefühl von Sicherheit, dass das Schriftliche dann auch „gut" oder „richtig" wird. Irrtümer, Unreifes oder gar Fehler auf das Papier zu bringen, lässt sie schaudern.

Nun ist es jedoch so, dass kreative Ideen äußerst flüchtig sein können. Jeder Autor, jeder Erfinder, jeder Modedesigner, jeder Produktentwickler oder Werbeprofi weiß aus Erfahrung: „Wenn ich eine Idee nicht sofort aufschreibe, dann ist sie auch schnell für immer verschwunden." Kein Wunder, dass kreative Menschen auf dem Nachttisch, im Badezimmer und ganz bestimmt in den Jackentaschen Schreibzeug parat haben. Menschen, die selten kreativ werden, finden sich immer wieder in der Situation, dass sie andere um Papier und Stift bitten müssen, weil sie gerade nichts dabei haben.

Wenn Sie nicht dafür sorgen, dass in Ihren Workshops sofort aufgeschrieben wird (Wegwerfen kann man immer noch!), dann gehen in manchem Kopf von Beteiligten gute Ideen schon verloren, bevor sie überhaupt zur Sprache kommen. Man vergisst sie ganz einfach, weil die Wortbeiträge der Kollegen die Gedanken in andere Richtung lenken. Manche Ideen lassen sich zunächst nur schwer wirklich verständlich formulieren. Der Urheber ringt um Formulierungen und muss erleben, dass vieles bereits zerredet wird, bevor es überhaupt richtig verstanden wurde. Wieder andere Ideen werden gar nicht erst produziert, weil ihnen die Anregung durch die Visualisierung fehlte. Es ist nämlich auch so, dass manche Menschen erst dann richtig sprudeln mit ihren Einfällen, wenn sie Schriftliches als Anregung vor Augen haben.

Sie kennen das aus eigener Erfahrung wenn Sie zum Beispiel eine Präsentation Ihres Projektes oder eine schwierige Verhandlung vorbereiten. In dem Moment, wo Sie anfangen, erst einmal beliebig Notizen zu machen, kommen Ihnen die Ideen nur so zugeflogen. Dass Sie davon viele später gar nicht verwenden, spielt keine Rolle. Ein Großteil der brauchbaren Gedanken wäre Ihnen gar nicht gekommen, wenn Sie nicht zuerst „schriftlich gedacht" hätten.

Da Schriftliches auf viele Menschen einen verbindlichen Eindruck macht, müssen Sie vor allem bei kritischen Projekten unbedingt darauf achten, was an Unterlagen Außenstehenden zugänglich wird. Wenn Ihr Projekt zum Beispiel ein neues Arbeitszeit- oder Vergütungsmodell erarbeiten soll, dann können Sie sich vorstellen, wie brennend sich der Betriebsrat dafür interessiert! Auf keinen Fall dürfen unausgegorene Gedankenmodelle aus den projektinternen Workshops heraussickern und für Turbulenzen sorgen.

Jedes Ihrer Teammitglieder muss wissen, dass

▶ alles Schriftliche zunächst nur der Ideenfindung und -bearbeitung dient,

▶ niemand berechtigt ist, irgendwelche internen Arbeitsunterlagen an Außenstehende weiterzugeben und

▶ nur solche Informationen an Außenstehende gehen dürfen, die für die Veröffentlichung freigegeben sind.

Sie achten bitte darauf, dass grundsätzlich nach Erreichen von Meilensteinen alle Dokumentationen bereinigt werden. Legen Sie ab, was man in Zukunft noch brauchen könnte. Vernichten Sie, was lediglich der Förderung von kreativen Prozessen diente und eventuell nachträglich zu Missverständnissen führen könnte.

2.3 Erfolgsbremse: Kreatives Chaos

Es wird gerne vom „kreativen Chaos" gesprochen wenn es tatsächlich darum geht, Nachlässigkeit und Unordnung zu beschönigen. Lassen Sie sich als Projektleiter nicht darauf ein, chaotische Zustände im angeblichen Interesse von Kreativität zu dulden. Bestehen Sie darauf, dass Unterlagen sauber erstellt und zuverlässig so abgelegt werden, dass man damit auch arbeiten kann, dass man nicht endlos suchen muss, und dass sich nicht nur der Chaot selber darin zurechtfindet. Es darf nicht sein, dass die Projektdokumentation wie ein Altpapierlager aussieht.

Das heißt nicht, dass Sie Pedanten bevorzugen sollen. Unübersichtliches Chaos und verkniffene Starrheit sind beide schädlich für vernünftige Projektarbeit.

Für die Kreativität ist es hinderlich, wenn man

• Menschen zwingt, in einem Stil zu arbeiten, der ihrem eigenen völlig konträr ist,

• zulässt, dass Pedanten die Lässigen behindern oder Chaoten die Ordentlichen stören.

Bedenken Sie bitte, dass es auch unter Künstlern diejenigen gibt, deren Ateliers wie Schlachtfelder aussehen und diejenigen, die erst einmal die sterilen Pinsel akkurat aufreihen, bevor sie starten können. Es gibt kreative Experten, die in Papierstapeln versinken und pausenlos nach irgendwas darin suchen. Es gibt ebenso kreative Experten, die ihre Bücher alphabetisch oder nach Größe oder sonstwie ordnen und panisch reagieren, wenn jemand etwas berührt.

Kreativität hat nichts mit Chaos oder Ordnungsliebe zu tun! Ob jemand kreativ sein kann, hängt von der geistigen Fähigkeit ab. Ob jemand mehr zu Ordnung oder Unordnung neigt, liegt am persönlichen Stil, an Selbstdisziplin, an Gewohnheiten, am Interesse an der Sache oder auch an Rücksichtnahme für diejenigen, die davon betroffen sind.

Sie müssen einen gesunden Mittelweg zwischen lässiger Spontaneität und zuverlässiger Disziplin im Team durchsetzen. Sie können keinen Erfolg haben mit extrem Pingeligen oder mit extremen Chaoten. Fragen Sie sich bei ungewöhnlichem Stil eines Teammitglieds: „Bringt es uns weiter? Hält es uns auf? Betrifft es nur den einen Mitarbeiter selbst?" Wenn es keinen stört, sollten Sie auch ungewöhnliche Arbeitsstile zulassen. So viel Freiheit muss sein.

Es könnte sein, dass ein Teammitglied Ihnen den Vorwurf macht, ein zu autoritärer Projektleiter zu sein, wenn Sie Zeitlimits bei Workshops, Ordnung in den Unterlagen und sofortige Schriftlichkeit beim Erarbeiten durchsetzen wollen. Das ist ein beliebter Versuch, den Projektleiter unter Druck zu setzen. Niemand will autoritär sein! Und schon gibt der Projektleiter nach. Diskussionen ziehen sich in die Länge, die Ablage wird unübersichtlich, Frust wegen vertaner Zeit macht sich breit.

Besser ist es, wenn Sie nicht diktatorisch bestimmen, welche Zeitlimits oder Ordnungsprinzipien Sie wollen. Lassen Sie das Team selber herausfinden, wie hilfreich bestimmte Regeln sind.

Sie können am Anfang des Projektes einen Workshop machen in dem Sie an Beispielen, die nichts mit der Aufgabe zu tun haben, die verschiedenen Kreativitätstechniken erproben lassen. Bilden Sie Kleingruppen, die Sie parallel an fiktiven Projekten arbeiten lassen. Es soll zum Beispiel eine TV-Serien konzipiert oder ein Hotelbau geplant werden. Daran kann man zum Beispiel einmal das Mindmapping oder eine andere Technik üben. Lassen Sie zwei Gruppen parallel arbeiten. Die eine bekommt ein festes Zeitlimit, die andere soll halt tagen, bis sie fertig ist. Die eine Gruppe lassen Sie allein arbeiten, der anderen geben Sie einen eingeweihten Mitarbeiter mit, der sofort ans Flip Chart geht und visualisiert.

In der anschließenden Nachbesprechung werden die Mitarbeiter von selbst erkennen, dass Aufschreiben und Zeitdruck geholfen haben, vergleichsweise schneller und zu besseren Ergebnissen zu kommen als die „freie" Gruppe.

Das Thema „kreatives Chaos" oder „Pedanterie" sprechen Sie gegebenenfalls erst nach einiger Zeit an, wenn sich das Team zu einem gemeinsamen Stil gefunden hat. Vielleicht muss dazu gar nichts gesagt werden, weil keines der Mitglieder ein störendes Arbeitsverhalten an den Tag legt. Falls doch ein Chaot oder ein Pedant Probleme verursacht, dann sollen lieber die Kollegen ein erstes Feedback dazu geben als Sie. Vom Kollegen kann man es leichter annehmen als vom Projektleiter. Wenn Kritik in dieser Hinsicht geäußert wird, müssen Sie allerdings etwas tun. Trennen Sie diejenigen, die sich nicht gut aneinander anpassen können. Verlangen Sie von Störern eine Änderung des Verhaltens. Entfernen Sie Renitente, die sich nicht ans Team anpassen wollen oder können.

2.4 Erfolgsbremse: Problemvermeidungsverhalten

Projekte bringen Veränderungen mit sich und ziehen damit natürlich das Interesse der Betroffenen auf sich. Die einen fürchten Einschränkungen, die anderen knüpfen Hoffnungen an das Neue. Wieder andere wollen der Sache ihren eigenen Stempel aufdrücken oder die Entwicklung in eine ihnen genehme Richtung lenken. Manche möchten das Projekt am liebsten ganz verhindern, anderen wäre eine eigene Lösung lieber.

Als Projektleiter werden Sie selbstverständlich um die Akzeptanz Ihres Vorhabens und um den Erfolg Ihres Projektproduktes kämpfen. Sie können es sich nicht leisten, mit Ihrem Team etwas zu produzieren, was am Ende nur Ihnen selbst gefällt.

Auf der anderen Seite kann es die Kreativität lähmen, wenn immer wieder über mögliche Probleme spekuliert wird und über Taktiken, wie man ihnen ausweichen kann. Man erkennt schließlich vor lauter möglicher Hindernisse die ebenso möglichen Chancen nicht. Häufige „Killerphrasen" wie die Folgenden können ein Indiz dafür sein, dass in Ihrem Projekt der Kreativität bereits Fesseln angelegt sind:

„Das genehmigt der Vorstand niemals!"

„Das kriegen wir beim Betriebsrat nicht durch."

„So was wollen die Kunden nicht."

„Damit dürfen wir dem Management nicht kommen."

„Das nehmen uns die Benutzer nicht ab."

Diese den Parteien unterstellte negative Haltung dem Projekt gegenüber demotiviert das Team und lähmt unweigerlich die Kreativität für gute Ideen zum Projekt. Die Kreativität wird statt dessen in Richtung Problemvermeidung investiert:

„Was können wir tun, damit … nicht passiert?"

„Wie verhindern wir, dass … sich quer stellen?"

„Wie sorgen wir dafür, dass man uns nicht die Schuld für … gibt?"

Mit einer solch negativen Haltung kann man nicht gut optimistisch am Projekt arbeiten. Außerdem laufen Sie Gefahr, dass bei ersten Hindernissen wie sie in jedem Projekt auftauchen, sofort fatalistische Gedanken das Klima weiter vermiesen: „Habe ich doch gewusst!" „So musste es ja kommen!"

Parteien, die von Ihrem Projekt betroffen sind

Damit Sie und Ihre Mitarbeiter rechtzeitig über die Interessen von Betroffenen nachdenken, können Sie einmal in einem frühen Workshop gemeinsam folgenden Fragen nachgehen:

▶ Wer gehört zu den Betroffenen?

▶ Wer könnte sich betroffen fühlen?

▶ Wer könnte sich berufen fühlen, Fürsprecher von Betroffenen zu sein?

▶ Welche Interessen verfolgen diese Parteien vermutlich?

▶ Welche Wünsche haben sie vermutlich an unser Projekt?

▶ Welche Befürchtungen könnten sie an unser Projekt oder an die Neuerungen knüpfen?

▶ Mit welchen Problemen und Widerständen müssen wir rechnen?

▶ Was spricht aus unserer Sicht dennoch für unser Projekt?

▶ Wie können wir die Parteien für unser Projekt gewinnen?

▶ Wie können wir ihnen das, was ihnen nicht gefallen wird, möglichst doch noch schmackhaft machen?

▶ Wie wollen wir im Verlauf unserer Arbeit mit den Parteien kommunizieren?

Mit diesen Fragen führen Sie Ihr Team dahin, mögliche Probleme zwar realistisch zu betrachten, jedoch sofort positive Lösungen zu entwickeln.

 Kreativität braucht einen **gewissen Zeitdruck.** Sie wissen, dass Sie das gesamte Projekt in Phasen mit fest terminierten Meilensteinen planen müssen. Die Notwendigkeit, zu den Meilensteinen bestimmte Zwischenergebnisse erreichen zu müssen, erzeugt den notwendigen Druck, sich engagiert an die Arbeit zu machen.

Setzen Sie auch Ihre Meetings und Workshops unter den heilsamen Druck, in festgelegter Zeit zu Ergebnissen zu kommen. Dazu gehört, dass Sie zu Beginn sagen, was in dieser Besprechung oder in diesem Workshop erarbeitet werden muss. Dazu gehört auch, dass Sie einen Endtermin angeben und den vor allem bei den ersten Veranstaltungen zu Projektbeginn auf die Minute genau einhalten. „Open end" darf es nicht geben. Die Einstellung, dass man einfach so lange tagt, bis alle Punkte durchgearbeitet sind, führt zu ergebnis- und endlosen Diskussionen durch diejenigen, die nicht nach Hause wollen und zu Frust bei denjenigen, die auf einen pünktlichen Feierabend gehofft haben. Keinesfalls führt es dazu, dass spät in der Nacht plötzlich die Kreativität ausbricht, die innerhalb der geplanten Zeit nicht möglich war.

Es reicht, wenn Sie sich bei den ersten zwei bis drei Meetings oder Workshops stur an den Endtermin halten. Die Team gewöhnt sich daran, in Zukunft immer zügig ans Werk zu gehen. Vielleicht wird Ihre „Strenge" zuerst von den Diskutierwütigen als „autoritär" empfunden. Ziemlich schnell sind alle froh, dass man sich auf Ihr Zeitmanagement verlassen und entsprechend den Feierabend planen kann.

Wenn Sie sich mit Ihrem Team zu einem **Workshop oder Meeting** zusammen setzen, dann sollten Sie sofort dafür sorgen, dass am Flip Chart notiert wird. Bei den ersten Veranstaltungen können Sie die Rolle des Notierers selbst übernehmen. Sie haben damit automatisch die Steuerung des Prozesses in der Hand und können die Arbeit schnell in Richtung konkreter Ergebnisse leiten.

Wohlgemerkt: Das Schriftliche muss während der Arbeit für alle sichtbar sein. Es reicht nicht, dass jemand in der Runde Protokoll führt. Beim Diskutieren und Nachdenken muss vor Augen sein, was bisher erarbeitet wurde.

Ab dem dritten oder vierten Workshop hat sich das Team daran gewöhnt, dass gleich schriftlich gearbeitet wird. Es ist dann auch deutlich, wie sehr es beim Ideenfinden hilft und dass damit keine zu frühen Festlegungen passieren. Sie werden erleben, dass sich recht bald aus dem Team heraus ganz natürlich Moderatoren herauskristallisieren, die das Steuern durch Aufschreiben noch besser können als Sie. Wunderbar! Das sind dann mit Sicherheit die Personen, die im Verlauf des Projektes wie Motoren und Motivatoren die Arbeit vorantreiben. Wer das Moderieren anstrebt, ist engagiert bei der Sache und reißt die zurückhaltenderen Kollegen mit.

Lassen Sie nicht zu, dass sich ein Teammitglied auf **„kreatives Chaos"** beruft, wenn es nur darum geht, Disziplinlosigkeit schön zu reden. Verlangen Sie, dass alle sich an die Regeln halten, die zur vernünftigen Projektarbeit notwendig sind. Jedes Teammitglied muss so arbeiten, dass es der Sache dienlich ist und den Kollegen hilft, ebenfalls mit der Arbeit voran zu kommen.

Lassen Sie Mitarbeiter, die vom persönlichen Stil her nicht gut zusammenpassen, möglichst unabhängig voneinander arbeiten. Dann müssen notfalls regelmäßig die Ergebnisse synchronisiert werden.

Trennen Sie sich von Chaoten und Pedanten, wenn deren Stil das Team mehr behindert als fördert. Ändern können Sie sie nicht.

Es ist richtig und notwendig, dass Sie Ihr **Projekt nicht als unabhängiges Vorhaben im luftleeren Raum** betrachten. Es ist eingebunden in ein Netz von Interessen, Meinungen und zum Teil sich widerstrebenden Zielen.

Mögliche Widerstände oder Gegnerschaften von Außenstehenden dürfen jedoch nicht verhindern, dass Sie und Ihr Team optimistisch gestimmt bei der Arbeit bleiben und kreativ nach Chancen suchen und kreative Lösungen produzieren.

Stellen Sie bewusst erst einmal mögliche Probleme zurück. Fordern Sie Ihr Team auf, Ideallösungen in die Überlegungen einzubeziehen, auch gewagte Ideen zu kreieren, grundsätzlich von Zustimmung auszugehen und positive „Was wäre wenn ..."-Gedanken zu denken.

Wenn viele gute Ideen erst einmal zustande gekommen sind, dann kann man immer noch mögliche Probleme in Erwägung ziehen. Dann kann man immer noch kreativ über deren Überwindung nachdenken.

Wichtig ist, dass Sie Ihr Team von den Chancen zu den möglichen Hindernissen führen. Umgekehrt geht es fast nie. Erinnern Sie Ihre Mitarbeiter gegebenenfalls auch an die Macht der sich selbst erfüllenden Prophezeiungen!

3 Erkennen und nutzen Sie individuelle Kreativitätsstile

3.1 Überwinden Sie mit Ihrem Team die drei hinderlichsten Irrtümer zur Kreativität

Bezüglich der Kreativität gibt es manche Irrtümer. Drei Irrtümer sind ganz besonders hinderlich, wenn man sich in der Projektarbeit von ihnen beeinflussen lässt.

Erster Irrtum: Kreative Ideen sind Produkte aus jeweils einem kreativen Kopf.

Damit wird oft auch der Irrtum verbunden, dass gute Ideen auf einem „Musenkuss" beruhen und dass die Muse speziell besonders begabte Menschen küsst. Ganz normale Menschen haben demnach weniger Chancen auf gute Ideen.

Das ist falsch. Auch hochbegabte Genies, Künstler, Erfinder, Wissenschaftler und sonstwie Kreative kommen nur selten ganz allein auf tolle Ideen. „Geistesblitze" passieren ähnlich wie übliche Blitze beim Gewitter. Beim Gewitter stoßen unterschiedliche Luftmassen aufeinander. Spannungen bauen sich auf, die sich dann in Blitzen entladen.

So ist das auch mit den meisten Geistesblitzen. Einer sagt etwas, dazu assoziiert ein anderes etwas, das regt den dritten an, sich zu äußern, und so weiter. Geistige Spannung baut sich auf, und plötzlich schlägt bei einem der Beteiligten der Blitz ein: Das ist die Idee!

Weil das so ist, sollten Sie im Projekt nicht allein der Urheber von Ideen oder der planerische Kopf sein wollen, der den Mitarbeitern Arbeitsbündel generiert und verteilt. Ihre Kreativität allein kann nie solche Funken sprühen wie die Spannung, die sich aus der Zusammenarbeit verschieden funktionierender Hirne ergibt!

Zweiter Irrtum: Kreative Ideen sind neuartig.

Das kann mal vorkommen, ist aber nur sehr selten. Im Grunde ist jeder Gedanke irgendwann schon einmal gedacht worden. Die meisten kreativen Ideen sind eigentlich „nur" das Aufgreifen von bereits Bekanntem, das weitergedacht oder neu kombiniert oder einmal anders angewendet wird. Dabei ergibt sich etwas, was teilweise erwartet wurde aber teilweise auch überrascht und zu neuen geistigen Kombinationen anregt.

Weil das so ist, sollten Sie sich nicht nur auf Ihre „Projektgenies" mit besonders erfinderischen Ambitionen verlassen. Viele gute Ideen bekommen Sie auch von den eher bodenständig wirkenden Mitarbeitern, die vielleicht nicht sprühen, wenn Sie Brainstormings veranstalten, die jedoch mit solider Gründlichkeit so langsam aber sicher mal dieses und mal jenes ausprobieren und siehe da: Ein neuer Ansatz ist gefunden!

Dritter Irrtum: Kreative bringen Neues auf den Weg.

Es sind oft nicht die Urheber einer kreativen Idee, die daraus etwas machen. Sehr häufig kommt Neues dadurch auf den Weg, dass jemand eine gute Idee hat, und darüber spricht. Das fällt dann ins Ohr eines Menschen, der genau diese Anregung brauchte, um aktiv zu werden. Kreativität und Umsetzungsstärke treffen nicht immer in einer Person zusammen. Manchmal bedarf es auch mehrerer Intelligenter, damit etwas Neues auf den Weg kommt: Eine Person erkennt ein ungelöstes Problem oder eine Marktlücke, die nächste hat eine Idee zur Lösung oder eine Produktidee, die dritte kann einen Plan zur Umsetzung schmieden, die vierte bringt tatkräftig ein Projekt auf den Weg, die fünfte weiß, wie man andere Menschen überzeugt, die Problemlösung oder das neue Produkt anzunehmen.

Weil das so ist, brauchen Sie für Ihr Projekt ein Team engagierter Mitarbeiter mit möglichst unterschiedlichen Qualitäten. Es gibt verschiedene Arten, kreativ zu sein. Sie brauchen sie alle für Ihr Vorhaben.

Kreativität in Ihrem Projekt

Sie brauchen einen hohen KQ (Kreativitäts-Quotienten) für den Erfolg Ihres Projektes. Der KQ misst folgende Merkmale:

▶ Neugierde im eigenen Wissens- oder Erfahrungsgebiet

▶ Neugierde über eigene Gebiete hinaus

▶ Fähigkeit zur Wahrnehmung von Marktlücken, Problemen, Chancen

▶ Planerisches Denken

▶ Erkennen von Unsicherheitsfaktoren

▶ Offenheit zur Änderung von Plänen

▶ Kritisches Hinterfragen von Realitäten

   – „Wieso ist es so?"
   – „Muss es so sein?"
   – „Geht es auch anders?"
   – „Wie wäre es auch denkbar?"

▶ Auf dem Laufenden bleiben bei Entwicklungen und Änderungen

▶ Aufnahmefähigkeit für Ideen anderer

▶ Wahrnehmung von Risiken

▶ Fehlerbereitschaft

▶ Experimentierlust

▶ Intuition – „7. Sinn" – „Feeling"

▶ Durchdringen von Komplexem und Vernetztem

▶ Fähigkeit zur Vereinfachung von Komplexem

▶ Offenheit zum Rückgriff auf Bewährtes

▶ Offenheit für Visionäres

▶ Schnelles Umdenken bei Unerwartetem

▶ Fähigkeit zur Begeisterung Dritter

Der Vorteil eines Teams liegt darin, dass Sie nicht allein den hohen KQ stellen müssen. Alle Köpfe des Teams zusammen bringen Ihnen den hohen KQ. Ihre Kunst besteht darin, durch geeignete Techniken etwas daraus zu machen!

3.2 Testen Sie Ihre bevorzugten Kreativitätsstile

Es gibt verschiedene Möglichkeiten, wie Menschen zu kreativen Ideen kommen oder wie sie sich gedanklich mit Problemen und Vorhaben auseinandersetzen. Weil das so ist, ist es müßig, darüber zu diskutieren, welches die beste Art ist, zu guten Ideen zu kommen. Der eine tüftelt weltvergessen an kniffeligen Fragen herum und bleibt dabei eisern am Schreibtisch sitzen, die andere hat ihre Eingebung wie aus dem blauen Himmel plötzlich beim Kopieren. Die eine will ihre Ideen anderen mitteilen, der andere hütet seine noch unausgegorenen Gedanken wie Geheimnisse und bringt sie erst nach reiflicher Überlegung zur Sprache.

Kreuzen Sie doch bitte einmal bei den folgenden Aussagen diejenigen an, die zu Ihnen bevorzugt passen. Sie werden anschließend an der Auswertung sehen, dass Ihnen manche der Denkstile mehr liegen als andere. Es kann natürlich auch so sein, dass Ihnen alle Denkstile gleich gut liegen. Dann nehmen Sie im konkreten Fall denjenigen, der gerade zur Aufgabe oder zur Ideenreife passt. Oder es liegt Ihnen keiner von den hier beschriebenen, und Sie machen es ganz anders, wenn Sie eine Idee brauchen oder ein Vorhaben umsetzen wollen.

Verstehen Sie diesen „Test" bitte weder als Psycho-, noch als Kreativitäts- oder gar als Intelligenztest. Es geht lediglich darum, dass Ihnen als Projektleiter bewusst sein muss, dass es unterschiedliche Wege gibt, wie jemand kreativ sein kann oder aus Ideen etwas macht.

Wenn Ihnen das bewusst ist, dann werden Sie gezielter darauf achten, in Ihrem Projekt verschiedene Kreativitätstechniken und Arbeitsformen einzusetzen. Schließlich wollen Sie, dass alle Teammitglieder optimal mitdenken und mitarbeiten können und nicht nur die, die Ihnen im Kreativitäts- oder Denkstil ähnlich sind. Zu wissen, dass es Unterschiede gibt, macht es leichter, auf andere Rücksicht zu nehmen.

1. Ich tüftele gerne sehr konzentriert und ungestört an Fragestellungen oder Plänen herum.
2. Ich bringe immer erst eine Sache zum Abschluss bevor ich mit einer neuen Aufgabe anfange. Es macht mir einfach keinen Spaß, mich mehrfach in ein Thema zu versenken, wenn ich es beim ersten Mal hätte abschließen können.
3. Für mich gibt es den Zustand „fertig" gar nicht. Irgendwas lässt sich immer noch verbessern.
4. In Kreativ-Workshops mit anderen geht es mir oft zu hektisch und zu oberflächlich zu. Meine besten Ideen habe ich, wenn ich mich allein mit einem Thema auseinander setzen kann.
5. Man kann Kreativität nicht erzwingen. Wenn mir nichts einfällt, dann lasse ich das betreffende Thema ruhen. Im Unterbewusstsein arbeitet die Sache sowieso weiter. Irgendwann kommen die Ideen von allein.
6. Wenn ich mir einmal etwas vorgenommen habe, dann beschäftigt mich die Aufgabe so sehr, dass ich sie nicht aufgebe, bis ich sie vollständig zu meiner Zufriedenheit erledigt habe.
7. Es kommt oft vor, dass ich mich gedanklich mit Themen beschäftige von denen außer mir niemand etwas weiß.
8. Meine besten Ideen habe ich beim Autofahren, Duschen, Joggen oder wenn ich sonstwie zum Träumen komme.
9. Manchmal kämpfe ich um die richtigen Worte, wenn ich anderen einen Gedanken kommunizieren will, den ich selbst noch nicht ganz klar entwickelt habe.
10. Ich verbeiße mich nicht in Probleme, wenn ich damit nicht weiterkomme. Meistens habe ich später, wenn ich gar nicht mehr daran denke, plötzlich den zündenden Gedanken dazu.
11. Viele meiner Erfolge basieren gar nicht auf eigenen Geistesblitzen, sondern auf Ideen, die ich irgendwo aufgeschnappt habe.
12. Sobald ich mir eine Sache anschaue, fällt mir auch schon ein, wie man etwas daran ändern und verbessern kann.
13. Wenn ich ein neues Projekt starte oder zu einem Vorhaben Ideen brauche, dann suche ich erst einmal in meinen Unterlagen

oder im Internet, was ich zu ähnlichen Projekten finden kann. Daraus nehme ich dann Anregungen für mein Vorgehen.

14. Ich weiß oft nicht, woran andere arbeiten oder welche Vorhaben sie planen. Dafür wissen andere nicht, was mir so durch den Kopf geht.

15. Wenn ich eine gute Idee habe, spreche ich möglichst sofort mit anderen darüber. Erst durch deren Kommentare wird es mir oft selber wirklich klar.

16. Es fällt mir schwer, etwas so zu lassen, wie es ist. Ich meine immer, man müsste noch einmal darüber nachdenken und optimieren.

17. Ich interessiere mich sehr dafür, wie andere an Projekte und Aufgaben herangehen. Mein Motto dabei ist: Man kann immer etwas lernen!

18. Ich habe eine Terriermentalität wenn es um schwierige Aufgaben geht. Ich verbeiße mich und lasse erst wieder los, wenn das Problem gelöst ist.

19. Manchmal wache ich nachts auf, weil ich plötzlich weiß, wie ich ein Problem in den Griff bekommen kann, an dem ich vorher vergeblich getüftelt habe.

20. Ich arbeite oft an mehreren Sachen gleichzeitig. Immer, wenn mich ein Thema langweilt, lasse ich es erst einmal liegen und mache an etwas anderem weiter bevor ich wieder darauf zurückkomme.

21. Ich mag halbfertige Sachen nicht liegen lassen. Wenn ich eine Arbeit anfange, dann mache ich sie auch fertig. Erst danach beginne ich etwas Neues.

22. Ich liebe Kreativ-Workshops weil mich das, was andere zu meinen Ideen sagen, sofort zu weiteren Geistesblitzen anregt.

23. Manchmal fühlen andere sich von mir kritisiert. Dabei wollte ich bloß einen Tipp geben, wie sie ihre Ergebnisse noch verbessern können.

24. Mich stört es, wenn ich meine Ideen zu früh mit anderen besprechen soll. Ich möchte sie lieber erst in Ruhe allein zu Ende denken.

25. Ich brauche den Austausch. Die besten Ideen kommen mir, wenn ich mit jemandem über das betreffende Thema rede oder gemeinsam an etwas arbeite.

26. Wenn ich mich einmal in ein Thema vertieft habe, bleibe ich dran. Ich lasse nicht eher los, als bis ich zu einem befriedigenden Ergebnis gekommen bin.

27. Viele meiner besten Ideen sind mir gekommen, weil ich neugierig genug bin, anderen zuzuhören und kreativ genug, deren Gedanken weiterzuführen.

28. Ich mache oft Verbesserungsvorschläge.

29. Ich will immer wissen, was andere zu meinen Vorstellungen sagen. Das hilft mir, meine Ideen noch einmal aus anderem Blickwinkel zu betrachten und entsprechend zu überprüfen.

30. Ich bin ein Sammler. Ich sammele Unterlagen, Zeitschriften und Ideen. Ich habe schon oft bei eigenen Vorhaben auf meine Sammlung zurückgegriffen und mir daraus Anregungen geholt.

3.3 Die sechs wichtigsten Kreativitätsstile Ihrer Mitarbeiter

Ganz grob lassen sich für die Projektarbeit sechs Stile unterscheiden nach denen Mitarbeiter zu Ideen kommen, Problemen auf den Grund gehen oder Themen erarbeiten. Man kann wie bei einer Typologie die Stile personifizieren: Einzeldenker, kommunikativer Denker, Optimierer, Aufgreifer, Beharrlicher und Intuitiver. Dann ist allerdings darauf zu achten, dass jeder Mensch mehrere dieser „Personen" in sich trägt. Es kann von der Aufgabe oder auch von der Stimmung oder von anderen Faktoren abhängen, ob man sich einmal am liebsten als Einzeldenker zurückzieht und einen Gedanken mit sich selbst ins Reine bringt, oder ob man ihn mit anderen besprechen will um sich von weiteren Meinungen anregen zu lassen.

Gleichwohl werden Sie bei sich selbst und auch bei Ihren Mitarbeitern erkennen, dass individuell bestimmte Kreativitätsstile immer wieder bevorzugt werden. Es ist klar, dass man dann auch damit am besten denken kann, zu den besten Ideen kommt und am meisten Spaß an der Aufgabe hat.

Die sechs wichtigsten Kreativitätsstile sind:

Einzeldenker

Einzeldenker brauchen die Chance, sich ganz allein und ohne Ablenkungen in Themen und Probleme zu versenken. Sie tüfteln gerne herum und können sich bis in den „Flow"-Zustand der Tiefenkonzentration in eine Sache versenken. Sie wirken auf andere manchmal etwas introvertiert und versponnen. Aber sie brauchen die ungestörte Ruhe, ganz allein Gedanken hin und her zu wälzen und schließlich zur Reife zu bringen. Zu frühe Kommunikation darüber stört sie und tötet ihre Kreativität bezüglich des aktuellen Themas.

Von Einzeldenkern haben Sie in Ihren Workshops oder Diskussionsrunden zur Ideenfindung nur wenig. Oft sitzen sie schweigend dabei. Lassen Sie sich nicht täuschen! Die Einzeldenker haben sich nicht ausgeklingt. Sie sind auch nicht zu schüchtern, sich zu äußern. Sie nehmen erst einmal auf und brauchen anschließend Zeit, sich allein mit den Fragestellungen zu beschäftigen. Beim nächsten Projektmeeting, wenn es um Details geht, dann sind die Einzeldenker aktiv. Dann kommen sie mit den Vorschlägen, Ideen und Analysen, die ihnen seit dem letzten Termin durch den Kopf gegangen sind. Oder sie haben inzwischen einen ganz neuen Vorschlag. Den präsentieren sie dann nicht als Entwurf, sondern zur Verblüffung aller Zuhörer bereits mit perfektem Umsetzungskonzept.

Brainstormings in fröhlich kreativer Runde mit Lust an sprudelnder Kreativität sind nicht das ideale Umfeld, damit Einzeldenker auf Ideen kommen. Geben Sie denen Nüsse mit, die sie allein knacken können.

Kommunikative Denker

Kommunikative Denker sind genau das Gegenteil der Einzeldenker. Sie tun das, was man auch „laut denken" nennt. Das bedeutet, dass sie überhaupt erst dann zu kreativer Spitzenleistung kommen, wenn sie anderen sagen können, was ihnen spontan durch den Kopf geht. Die anderen kommentieren das natürlich, und schon löst es im Gehirn des Kommunikativen weitere Geistesblitze aus. Manchmal hört sich das, was ein Kommunikativer von sich gibt, fast wirr an. Die Kollegen sagen dann vielleicht: „Jetzt spinnt der endgültig." Nein, der Kommunikative „spinnt" nicht. Er spricht halt nur einen Gedanken aus, der ihm selbst noch nicht klar ist. Das Aussprechen und die Reaktionen anderer sind Teil seines Denkprozesses.

Kommunikative wirken extravertiert und oft schlagfertig. Wenn zwei oder mehr von diesem Typ aufeinandertreffen, kann es für unbeteiligte Zeugen chaotisch wirken. Die ganze Gruppe kommt scheinbar gemeinsam in einen fast rauschartigen Zustand. Wie Spielbälle werfen die Beteiligten sich halbe Sätze und manchmal nur einzelne Begriffe zu.

Das Funkensprühen dieser Form der Kreativität ist so offensichtlich, dass viele Theoretiker daraus schließen, dass das die Arbeitsform sei, die am besten zur Kreativität passt. Brainstorming wird da wirklich zum „Hirnsturm". Schnelligkeit und Chaos führen tatsächlich zu tollen Ergebnissen. Trotzdem ist diese Art der Ideenfindung nicht die ultimativ richtige für Kreativität allgemein, sondern speziell für Kommunikative. Andere können durch das Chaos und die Schnelligkeit sogar blockiert werden.

In Ihren Ideenfindungs-Workshops haben Sie von den Kommunikativen am meisten. Holen Sie diese Leute gezielt zusammen, wenn Sie mit einem Problem festsitzen und wieder neuen Anschub brauchen. Denen fällt immer etwas ein.

Optimierer

Optimierer brauchen für ihre Kreativität als Ausgangspunkt etwas, was schon vorhanden ist. Deren innere Antriebfedern sind Gedanken wie: „Das kann man doch noch besser machen." „Das geht ganz bestimmt auch noch anders." „Daraus kann man doch etwas machen!"

Optimierer tüfteln und basteln viel. Zu Haus knobeln sie herum, bis sie dem Kühlschrank beigebracht haben, sich selbst zu enteisen oder sie bauen Freisprechanlagen ans Motorrad oder ein Peilsystem in den Autoschlüssel für den Fall, dass man nicht mehr weiß, wo man den Wagen geparkt hat.

Die Welt mag nicht auf jede Erfindung gewartet haben, mit denen ein Optimierer sie zu beglücken versucht, aber sie kommen auf Ideen und Marktlücken und Verbessungsvorschläge, wo andere blind sind.

Optimierer arbeiten sehr gut in Workshops während des Verlaufs eines Projektes. Der aktuelle Stand ist für sie der Startpunkt für Neues. Man kann sie auch wunderbar dafür einsetzen, sich doch mal die Produkte oder Strategien der Konkurrenz anzuschauen. Daraus machen die Optimierer etwas viel besseres für das eigene Unternehmen.

Wenn Sie sicher sein wollen, dass die Qualität Ihrer Projektergebnisse stimmt, dann sollen sich die Optimierer die Sache einmal anschauen. Wenn Sie sich auf harte Verhandlungen vorbereiten, dann lassen Sie mal einen Optimierer im Rollenspiel die Gegenposition einnehmen. Dem fällt bestimmt ein, mit welchen Argumenten Sie rechnen sollten.

Achten Sie jedoch darauf, wie der Optimierer in Ihrem Team seine Verbesserungsvorschläge anbringt. Es kann sich für die Kollegen wie Besserwisserei anhören. „Der quatscht mir in alles rein!", beklagt sich vielleicht ein Mitarbeiter, dessen Ergebnisse gerade vom Optimierer in Augenschein genommen wurden. Erinnern Sie den

Optimierer daran, dass mancher seiner Vorschläge auch als Einmischung oder Kritik aufgefasst werden könnten. Es kommt dann sehr auf den Ton an, der „die Musik macht".

Aufgreifer

Aufgreifer sind wie eine Kombination von Kommunikativen, Einzeldenkern und Optimierern. In ihren Herzen sind sie Sammler und Jäger. Das sieht man oft schon an ihren Büros. Sie horten Unterlagen, Zeitschriften und Protokolle längst vergessener Projekte.

Aufgreifer hören hellwach zu, wen andere sich über Projekte und Ideen austauschen. Sie sind fast wie Schwämme, die in sich aufsaugen, was an Anregungen von außen kommt. Sie brauchen den Austausch mit anderen Menschen nicht, um eigene halbfertige Ideen vorzustellen, sondern um zu hören, was andere von sich geben. Sie greifen das auf, denken wie Einzeldenker ganz allein darüber nach oder lassen es einfach ins Unterbewusstsein sacken. Irgendwann haben sie daraus etwas gemacht, was der Urheber der Ur-Idee nicht mehr wiedererkennt.

Manchmal weiß der Aufgreifer selber nicht mehr, wo er den kreativen Keim aufgeschnappt hat, der dann in ihm zu einer marktfähigen Produkt- oder Unternehmensidee gereift ist. Manchmal kommt es allerdings auch vor, dass der Urheber der Idee erbost feststellt, dass der Aufgreifer mit etwas erfolgreich geworden ist, was er „geklaut" hat. Es ist die Stärke der Aufgreifer, dass sie oft das in die Tat umsetzen, was andere nur denken. Man wirft ihnen dann vielleicht vor, nicht selbst kreativ zu sein. Auf der anderen Seite muss man auch sehen, dass Kreativität allein nichts ist als nur Geistesspielerei. Es kommt letztlich darauf an, dass man aus Ideen auch etwas macht. Das tut der Aufgreifer.

Krimiautoren arbeiten oft zunächst als Aufgreifer. Sie lesen Mordberichte in den Zeitungen und besuchen Gerichtsverhandlungen. Irgendwo schnappen sie dann die Story auf, die sie zu einem Krimi ausarbeiten.

Ihre Aufgreifer im Projekt sollten Sie zu Kontaktpersonen ernennen. Lassen Sie sie mit den Betroffenen reden. Schicken Sie sie zu Meetings mit Außenstehenden. Die Aufgreifer bringen Ihnen die Gedanken mit, die man sich woanders zu Ihrem Projekt macht. Meistens haben sie dann auch gleich schon ein paar Ideen, wie man die Wünsche und Erwartungen der Außenstehenden in die Arbeit einfließen lassen kann.

Beharrlicher oder Intuitiver

Diese beiden Kreativitätsstile unterscheiden sich nicht darin, wie sie zu Ideen kommen. Beharrliche und Intuitive können Einzeldenker, Kommunikative, Optimierer oder Aufgreifer sein. Sie unterscheiden sich darin, wie sie mit ihren Ideen umgehen, wie sie auf kniffelige Probleme reagieren, wie sie Denkblockaden überwinden.

Beharrliche beißen sich fest. Wenn sie in ihrer Arbeit auf ein Problem stoßen, dass sich nicht lösen lässt, dann werden sie erst richtig leidenschaftlich. Man darf sie dann auch nicht zwingen, die Sache erst einmal zu überschlafen. Das können sie gar nicht. Es würde auch ihre Kreativität töten, wenn man ihnen in dem Zustand die Aufgabe wegnehmen würde. Sie müssen jetzt dran bleiben und werden das unlösbare Problem doch noch lösen. Wenn nicht jetzt, dann im Morgengrauen. Ungelöst bleibt es nicht, ganz egal, wie unlösbar es ist!

Wenn Beharrliche sich einmal in eine Thematik verbissen haben, dann sind sie für alle anderen Sachen unbrauchbar. Geben Sie ihnen auf keinen Fall weitere Aufgaben. Das bleibt liegen. Im Zustand der Problemverfolgung gibt es für den Beharrlichen nur das eine Ziel. Er sagt notfalls auch private Termine ab, um dran bleiben zu können. Dann brennt auch morgens um vier Uhr noch Licht im Büro.

Intuitive verlieren sofort die Lust, wenn sie mit einem Problem nicht weiterkommen. Sie sagen dann zum Beispiel: „Da fällt mir jetzt doch nichts mehr zu ein." „Morgen ist auch noch ein Tag." „Ich muss das erst mal auf mich wirken lassen."

Machen Sie nicht den Fehler, Ihre Intuitiven für disziplinlos zu halten oder ihnen Mangel an Interesse zu unterstellen. In Wahrheit sind sie Menschen von denen man sagen kann: „Den Seinen gibts der Herr im Schlaf." Denen fällt unweigerlich etwas zum ungelösten Problem ein, wenn man ihnen die Freiheit gibt, sich nicht zwanghaft damit beschäftigen zu müssen.

 Es kann sein, dass vor allem junge und projektunerfahrene Mitarbeiter sich schwer damit tun, dass Kollegen so ganz anders an kreative Prozesse oder geistige Aufgaben herangehen. Nicht jeder bringt die Reife zu der Erkenntnis mit, dass die Art, wie man selber vorgeht nicht unbedingt die einzig richtige ist.

Einzeldenker werden dann womöglich von kommunikativen Denkern als zu introvertiert oder gar teamunfähig wahrgenommen. Umgekehrt schaudert es die Einzeldenker, wenn sie sich die unausgegorenen Halbideen der Kommunikativen anhören müssen. Das klingt in ihren Ohren als reines Wortgeklingel. Optimierer verscherzen sich manchmal die Sympathien ihrer Kollegen, weil die Kritik hören, wo nur ein guter Tipp gemeint war. Oder man wirft dem Optimierer vor: „Der muss auch zu allem seinen Senf dazugeben." Den Aufgreifern wird eventuell unterstellt, gar keine eigenen Ideen zu haben und nur bei anderen zu „klauen". Beharrliche wirken auf Intuitive manchmal „verbissen". Dafür verstehen die Beharrlichen nicht, wie man nur so leichtfüßig sein kann, mit einer Sache einfach aufzuhören, wenn man im Moment keine Lust mehr dazu hat oder fest sitzt.

Zum Glück kommt es nur selten zu echten Misstönen zwischen den Vertretern der verschiedenen Denkstile. Das liegt auch daran, dass ja jeder Mitarbeiter mehrere Stile beherrscht und anwendet.

Es kann sinnvoll sein, wenn Sie die verschiedenen Stile Ihrem Team einmal vorstellen. Das erleichtert das Verständnis für die andere Herangehensweise des Kollegen. Es kann auch helfen, bewusster zu entscheiden: „Dieses Thema bearbeiten wir alle gemeinsam im Team. Um jene Aufgabe kümmert Kollege Meier sich erst einmal ganz allein."

Sie werden sicherlich bald den Unterschied merken zwischen einem Intuitiven, der am nächsten Morgen tatsächlich mit guten Ideen erneut ans Werk geht und das Projekt voranbringt und einem faulen Aufschieber. Der faule Aufschieber tarnt sich gerne als Intuitiver: „Auf Kommando kann ich nicht!" Der hat dann am nächsten Tag auch wieder keine Idee und am übernächsten auch nicht. Dem fällt erst etwas ein, wenn man ihm Druck macht. Aufschieber sind leider eine Sonderklasse. Sie sind weder beharrlich, noch intuitiv. Sie sind oft auch wenig kreativ oder nur in ihren speziellen Themenbereichen. Für Ihr Projekt können sie zum Problem werden!

Intuitive und Beharrliche sind eine Bereicherung für Ihr Projekt. Bedenken Sie jedoch, dass die beiden manchmal Probleme in der Zusammenarbeit miteinander haben können. Jeder hält den anderen für unklug im Verhalten. Der Intuitive mokiert sich über die „sinnlose Verbissenheit" des Beharrlichen. Der Beharrliche schüttelt den Kopf über das „Flatterhafte" des Intuitiven. Dabei handelt es sich lediglich um zwei unterschiedliche aber gleichwertige Kreativitätsstile.

3.4 Das sind Ihre bevorzugten Kreativitätsstile

Ordnen Sie nun zu, welche der obigen Aussagen Sie als zutreffend für sich angekreuzt haben. Sie werden sehen, welche Stile Ihnen besonders gut und welche Ihnen vielleicht gar nicht liegen.

Einzeldenker					
Aussagen	1	4	7	14	24
Kommunikativer Denker					
Aussagen	9	15	22	25	29
Optimierer					
Aussagen	3	12	16	23	28
Aufgreifer					
Aussagen	11	13	17	27	30
Beharrlicher					
Aussagen	2	6	18	21	26
Intuitiver					
Aussagen	5	8	10	19	20

Wenn Ihnen das **Einzeldenkertum** besonders gut liegt, achten Sie bitte darauf, immer wieder den Austausch mit Ihrem Team zu suchen. Projektleiter, die sich zu oft zum Denken und Planen in das eigene Büro zurückziehen, fangen sich leicht den Ruf einer „autistischen" Führungskraft ein. Man könnte Ihnen vorwerfen, zu viel allein zu machen, zu wenig zu delegieren und im Grunde lieber alles selbst erledigen zu wollen.

Wenn Ihnen das **kommunikative Denken** besonders gut liegt, dann ist das für Ihre Rolle als Projektleiter ideal! Sie fördern die Zusammenarbeit in Workshops. Sie sprechen sich mit Ihren Fachleuten ab. Sie riskieren es auch einmal, noch unreife Gedanken auszusprechen und notfalls wieder zu verwerfen.

Achten Sie jedoch unbedingt darauf, dass Sie Ihren kommunikativen Stil nicht zum Ideal stilisieren. Das kann passieren, weil dieser Stil in der heutigen Zeit oft als der beste und teamorientierteste überhaupt dargestellt wird. Das ist falsch. Einzeldenkertum ist ebenso wichtig im Projekt und ebenso teamfördernd. Achten Sie ganz bewusst darauf, dass Sie Ihren Einzeldenkern im Team die Rückzugsmöglichkeiten geben, die sie für konzentriertes Arbeiten und Tüfteln brauchen.

Wenn Ihnen das **Optimieren** besonders gut liegt, dann seien Sie als Projektleiter sehr sensibel in Ihrer Art, wie Sie Verbesserungsvorschläge machen. Vor allem sehr empfindliche Persönlichkeiten fühlen sich vielleicht kritisiert. Von gleichrangigen Kollegen können Mitarbeiter leichter Kommentare zu ihren Ergebnissen annehmen. Es kann klug sein, wenn Sie nicht spontan Ihre Verbesserungsvorschläge selbst äußern, sondern anregen, dass die Mitarbeiter untereinander jeweils nach Verbesserungsmöglichkeiten ausschauen.

Wenn Ihnen das **Aufgreifen** besonders gut liegt, dann bedenken Sie bitte, dass mancher Mitarbeiter in Ihnen den „Ideendieb" sehen könnte. Es wäre fatal für die Motivation, sollte sich der Eindruck bilden, dass Sie die Ideen Ihrer Mitarbeiter „wegschnappen", ein wenig ändern und dann als eigene ausgeben. Wenn die gleichrangigen Teammitglieder das untereinander tun, kann es schon zu bösem Blut führen. Sie dürfen sich das noch weniger leisten. Sie als Projektleiter sollten immer wieder Formulierungen verwenden wie zum Beispiel: „Ich möchte noch mal auf die Anregung von … zurückkommen …" „Mir ist noch mal die Idee von … durch den Kopf gegangen und …" Wichtig ist auch, dass Sie bei Präsentationen vor Außenstehenden nicht den Eindruck vermitteln, Sie seien der kreative Kopf des Projektes, und Ihre Mitarbeiter seien bloß die Ausführenden. Dann laufen Ihnen ganz sicher die besten Leute weg.

Wenn Sie zu **Beharrlichkeit** neigen, dann denken Sie bitte daran, dass andere Menschen vielleicht nicht das Sitzfleisch haben, bis in die Nächte hinein im Büro oder gar in Meetings zu verharren. Sie haben gar nichts davon, wenn Sie als Beharrlicher hellwach weitermachen und dabei von Mitarbeitern umgeben sind, die gegen Müdigkeit kämpfen und gar nicht mehr klar denken können. Machen Sie Engagement nicht daran fest, wer von Ihrem Team abends wie lange im Büro zu bleiben bereit ist. Bedenken Sie bitte, dass es für die meisten Menschen besser ist, ein ungelöstes Problem einfach zu überschlafen. Die guten Ideen werden vom Unterbewusstsein allein produziert und morgens zum Beispiel beim Duschen dem Bewusstsein zur Verfügung gestellt. Fitte Mitarbeiter, die pünktlich in den Feierabend gehen, denken besser als solche, die sich von Ihnen künstlich lange in der Firma festgenagelt fühlen!

Wenn Ihnen das **intuitive Denken** besonders gut liegt, dann sollten Sie niemals ohne Papier und Stift unterwegs sein. Seien Sie grundsätzlich immer gewappnet, wenn die Muse Sie küsst!

Nutzung unterschiedlicher Kreativitätsstile

Damit Sie auch wirklich alle Kreativitätsstile Ihrer Mitarbeiter im Projekt nutzen, sollten Sie folgende Voraussetzungen schaffen:

▶ Gruppenarbeit mit Brainstorming-Techniken im Plenum

▶ Kleingruppenarbeiten innerhalb von Workshops

▶ Kleingruppenarbeiten an Aufgaben zwischen Workshops

▶ Einzelaufträge an Einzeldenker und Tüftler

▶ Einsatz von Kreativtechniken zur Ideenfindung

▶ Einsatz von assoziativen Kreativtechniken

▶ Diskussionsrunden für Kommunikative

▶ Zwischenchecks für Optimierer

▶ Zusammenarbeit mit Außenstehenden

▶ Anlegen einer Sammlung von Unterlagen und Beispielen ähnlicher Projekte

Vergessen Sie auch nicht, Ihre Mitarbeiter zu fragen: „Ist unser Arbeitsstil für Sie hilfreich?" „Wer möchte einen anderen Stil?"

 Typische Erfolgsförderer kreativer Menschen

Wenn Sie nun ein Team fähiger Mitarbeiter voller Tatendurst um sich versammelt haben, dann sollten Sie auch noch für die typischen Erfolgsförderer sorgen:

▶ einfach anfangen
Diskutieren Sie nicht erst alles bis ins Detail durch. Die besten Ideen kommen bei der Arbeit und nicht beim Reden.

▶ üben der Techniken
Wenden Sie alle Kreativitätstechniken erst einmal an Spielbeispielen an. Auch bei bekannten Techniken muss das Team ausprobieren, wie man sie gemeinsam einsetzen will.

▶ starke Zielorientierung
Lassen Sie sich nur auf Projekte ein, die allen Beteiligten am Herzen liegen. Niemand hat gute Ideen zu etwas, was nicht wirklich unter den Nägeln brennt.

▶ angstfreie Atmosphäre
Lassen Sie nicht zu, dass Killerphrasen, spöttische Bemerkungen und persönliche Angriffe in Diskussionen Ihre besten Denker zum Schweigen bringen.

▶ Stress
Stresshormone machen Körper und Geist topfit. Setzen Sie Ihre Mitarbeiter durch Zeitlimits und strikte Zielvorgaben bei jedem Workshop unter gesunden Stress (Eu-Stress). Anschließend muss Gelegenheit geboten werden, in einer Entspannungsphase den Stress wieder abzubauen.

▶ Sauerstoff und Bewegung
Töten Sie nicht die Kreativität durch träges Herumsitzen in überheizten Konferenzräumen. Die meisten Techniken lassen sich viel besser im Stehen anwenden. Sogar Kaugummi kauen regt die Durchblutung und damit Denkfähigkeit des Gehirns an!

▶ Wasser
Erinnern Sie Ihre Mitarbeiter daran, dass das menschliche Gehirn viel viel Wasser braucht! Sorgen Sie für ständigen Nachschub von Mineralwasser!

 Die besten Ideen passieren dann, wenn Menschen, die unterschiedlich an Aufgaben herangehen, sich gemeinsam einem Thema widmen. Das bedeutet nicht, dass pausenlos alle alles zusammen machen. Aber sie müssen sich regelmäßig austauschen können und gegenseitig geistig anregen. Und sie müssen es lernen, sich in ihren unterschiedlichen Denk- oder Kreativitätsstilen zu akzeptieren.

Zwei Fehler dürfen Sie als Projektleiter nicht machen:

1. Sortieren Sie nicht die Personen in Kreative und Unkreative, um ihnen dann entsprechend Aufgaben zuzuordnen.
2. Bestimmen Sie nicht allein, mit welchen Techniken in den Workshops und dazwischen gearbeitet werden soll. Versuchen Sie erst gar nicht, die optimale Kreativtechnik herauszufinden. Die ist für jeden Denker anders.

Sie profitieren am meisten von der kreativen Intelligenz Ihres Teams, wenn Sie den Mitarbeitern ausreichend Freiräume lassen, so zu arbeiten, wie es ihren bevorzugten Denk- oder Kreativitätsstilen entspricht. Wechseln Sie zwischen Workshops im Plenum, Kleingruppenarbeiten, Einzelaufträgen und Diskussionsrunden ab.

4 Wie kommt man auf gute Projektideen?

4.1 Problemlösungs-Projekte als Ideenauslöser

Wenn Sie von Ihrem Arbeitgeber mit einem Projekt betraut werden, handelt es sich wahrscheinlich um ein Problemlösungsprojekt. Der Ausgangspunkt ist ein offenes Problem oder der Bedarf nach etwas Bestimmtem oder eine konkrete Zielvorstellung.

Das können zum Beispiel Projekte wie die folgenden sein:

- Die Personalkosten müssen gesenkt werden.
- Die Bearbeitung von Kundenanfragen dauert zu lange.
- Die Technik entspricht nicht mehr den neuesten Standards.
- Gesetzliche Änderungen machen neue Verfahren und Abläufe notwendig.
- Der Messeauftritt ist zu gestalten.
- Das Unternehmen will fusionieren.
- Produkte müssen modernisiert werden.

Auch die meisten Ihrer privaten Projekte gehören in diese Kategorie:

- Sie haben das Ziel, im Eigenheim zu wohnen.
- Sie wollen eine Weltreise machen.
- Ihnen ist gekündigt worden, und Sie brauchen einen neuen Job.

Fassen Sie das Wort „Problem" bitte nicht im negativen Sinn auf, sondern als Nuss, die es zu knacken gilt oder als Zustand, der zu verbessern ist.

Problemlösungsprojekte verlaufen typischerweise in immer ähnlichen Phasen ab (Bild 4.1). Die erste Phase ist die Orientierungs- oder Analysephase. Hier geht es darum, das Problem und die Zielvorstellungen genau zu verstehen und Ansätze zu verschiedenen Lösungsmöglichkeiten zu entwickeln.

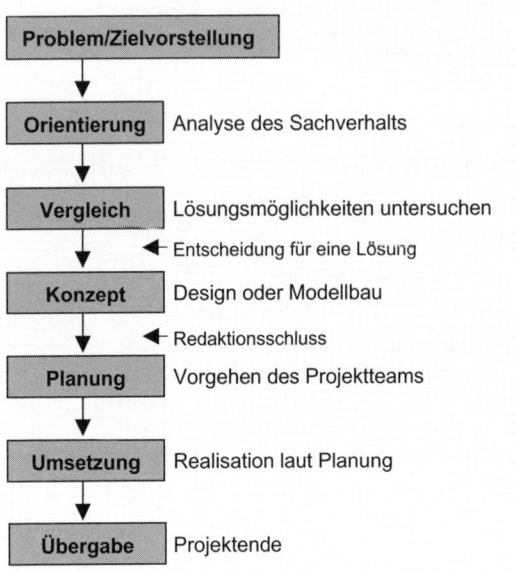

Bild 4.1: Die Phasen des Problemlösungsprojektes

Die zweite Phase geht von den gefundenen verschiedenen Lösungsmöglichkeiten aus und vergleicht jede nach Kosten und Nutzen,
nach Vor- und Nachteilen. Als Ergebnis legen Sie Ihrem Auftraggeber ein Gutachten mit einer Entscheidungsempfehlung für eine der
möglichen Lösungsvarianten vor. In dieser Phase ist es wichtig, dass
Sie mit Ihrem Team die richtigen Kriterien zum Vergleichen und Beurteilen anwenden.

Nach der Entscheidung des Auftraggebers für eine der Lösungsvarianten entwickeln Sie mit Ihrem Team in der Design- oder Konzept-
phase ein möglichst genaues Modell dessen, was durch Ihr Projekt
entstehen soll. Das Modell kann ein Prototyp des zu entstehenden
Produktes sein. Bei einem Reorganisationsprojekt kann es das neue
Organigramm mit Ablaufplänen sein. Bei einem zu bauenden Ge-
bäude kann es ein Pappmodell sein oder eine 3D-Animation im PC.
Bei einer neuen Zeitschrift ist es die Nullnummer. Wichtig ist, dass
Auftraggeber und Betroffene genau wissen, was durch das Projekt

auf sie zukommt. Jetzt können Wünsche noch vergleichsweise leicht berücksichtigt werden. Diese Phase schließt mit einem „Redaktionsschluss" ab. Danach dürfen in der Regel keine Änderungsanträge mehr an das Projektteam herangetragen werden.

Die vierte Phase ist die Planungsphase. Sie erarbeiten mit Ihrem Team die Abläufe im Projekt. Wer macht was wann und womit? Zu welchen Zeitpunkten werden welche Zwischenstadien erreicht? Wer prüft sie wie? Wann werden welche Ressourcen gebraucht? Ergebnis dieser Phase ist der Umsetzungsplan.

In der fünften Phase wird plangetreu umgesetzt. Das gewünschte Projektprodukt wird hergestellt, getestet, dokumentiert und zur Reife gebracht. Diese Phase schließt mit der Übergabe an den Auftraggeber ab.

Häufig ist die Übergabe eine eigene Phase. Umstellungen werden notwendig, Benutzer werden geschult, Fachleute betreuen die Betroffenen in der ersten Zeit nach der Umstellung bei Problemen. Wenn das angestrebte Projektziel erreicht ist, kommen Nacharbeiten auf Sie zu. Sie führen zum Beispiel eine Nachkalkulation durch, fassen Erfahrungen dieses Projektes für zukünftige ähnliche Vorhaben zusammen, führen gegebenenfalls Beurteilungen der Mitarbeiter durch und lösen das Projekt auf.

Die kreativste Zeit in einem Problemlösungsprojekt ist die erste Phase der Orientierung oder Analyse. Wenn Sie und Ihr Team sich hier die richtigen Fragen stellen und ihnen nachgehen, kommen Sie auf die Ideen, die Sie brauchen:

• Wer will eine Problemlösung? Wer will das Ziel erreichen?
• Was macht das ungelöste Problem zu einem Problem? Wieso ist das Ziel erstrebenswert?
• Welche Erwartungen werden an das Projektergebnis geknüpft?
• Wer ist oder fühlt sich von dem Projekt betroffen?
• Welche Erwartungen und Befürchtungen knüpfen die Betroffenen an das Projekt?

- Welche Auswirkungen hat das Projekt für die Betroffenen?
- Gibt es Gegner oder Widerstände gegen das Projekt? Welche? Warum?
- An welchen Kriterien wird der Erfolg des Projektes gemessen?
- Was wären die Konsequenzen, wenn man gar nichts tun würde?
- Was wären die Konsequenzen bei einer Teillösung oder einem Teilziel?
- Welche Rahmenbedingungen (Gesetze, Budget, vorhandene Technik etc. spielen für das Projekt eine Rolle?
- Wer hat ein ähnliches Projekt schon einmal durchgeführt? Wie? Mit welchem Erfolg?
- Wie gehen andere mit dem Problem um?
- Welche Lösungsmöglichkeiten bietet der Markt?
- Welche zukünftigen Entwicklungen werden sich vermutlich auf das Projekt auswirken?
- Welche zukünftigen Entwicklungen sind für die Betroffenen zu erwarten?
- Mit welchen technischen oder anderen Änderungen (Politik, Gesetze etc.) ist zu rechnen?
- Welche Lösungsmöglichkeiten gibt es?
- Wie unterscheiden sie sich?
- Welche Kriterien sind beim Vergleich der Lösungsmöglichkeiten wichtig?
- Mit welchen Risiken ist bei den Lösungsvarianten zu rechnen?
- Welche Aufgaben, Ressourcenbedarfe, Genehmigungen etc. werden notwendig sein?
- Was soll nach Abschluss des Projektes mit dem Ergebnis gemacht werden?

So oder ähnlich starten Sie mit Ihrem Team ein Projekt zur Problemlösung. Jeweils zum Projekt passend werden Sie die Fragen variieren.

Die sieben Kernfragen Ihres Projektes

▶ Kennen wir die Erwartungen des Auftraggebers genau?

▶ Kennen wir die Erwartungen und Befürchtungen von Betroffenen?

▶ Sind alle Randbedingungen (technische, juristische, finanzielle ...) klar?

▶ Kennen wir die Kriterien für sinnvolle Lösungsvergleiche?

▶ Kennen wir die möglichen Risiken dieses Vorhabens?

▶ Haben wir uns die richtigen Fragen gestellt?

▶ Können wir vom Erfolg unseres Projektes ausgehen?

Der wichtigste kreative Ansatz besteht darin, dass Sie mit Ihrem Team überhaupt auf die richtigen Fragen kommen! Ob Sie die dann mit Brainstorming oder durch Analyse oder Interviews bearbeiten, hängt vom Thema ab. Die erste Frage muss jedoch sein:

Was müssen wir wissen, um dieses Problem sinnvoll zu lösen oder dieses Ziel zu erreichen?

Wenn Ihr Projekt zum Beispiel die Senkung der Reklamationen erreichen soll, dann gehen Sie auch solchen Fragen nach, die sich auf die Kunden beziehen. Gibt es bestimmte Kunden, die sich häufiger beschweren als andere? Oder geht es um die Kunden bestimmter Verkäufer? Sie gehen auch Fragen zur Produktion nach. Sind die Produkte bestimmter Fertigungseinheiten besonders häufig betroffenen? Beziehen sich die Reklamationen auf Teile bestimmter Lieferanten?

Wenn Sie privat das Projekt Hausbau vor haben, dann gehen Sie Fragen zu Finanzierungsmöglichkeiten nach, machen sich schlau bezüglich der besten Wohnlagen und reden mit Kollegen und Freunden, die auch schon mal gebaut haben.

Was zu Beginn von Problemlösungsprojekten häufig passiert und sich fast immer als Kreativitätsvernichtung erweist, sind Meetings, Besprechungen, Konferenzen und Diskussionsrunden. Man redet sich fest, ereifert sich viel zu früh über Details, baut unnötige Fronten zwischen echten und angeblichen Meinungsgegnern auf und kommt womöglich zu Entscheidungen, bevor man sich ausreichend über die Thematik schlau gemacht hat. Von Kreativität keine Spur!

Machen Sie deshalb zu Beginn ganz deutlich, dass Sie mit Ihrem Team überhaupt erst einmal den ganzen Sachverhalt durchleuchten und durchdenken wollen, bevor es zu irgendwelchen Festlegungen kommen wird. Vor allem den Personen gegenüber, die durch das Projekt Nachteile für sich selbst befürchten, müssen Sie vermitteln, dass noch nichts vor Abschluss der Orientierungsphase entschieden ist.

Auch Ihrem Team gegenüber müssen Sie eventuell hart bleiben. Es kann sein, dass Einzelne am liebsten gleich lospreschen möchten mit der Arbeit. Sie haben als Fachleute vielleicht auf Anhieb gute Ideen und streben nach Umsetzung. Auch die müssen erst einmal gebremst werden. Das Projektergebnis soll schließlich nicht dem Team selber gefallen oder nutzen, sondern denen, die dafür bezahlen. Dazu muss man erst einmal einigen Fragen auf den Grund gehen.

Eine andere mögliche Hürde besteht oft darin, dass bereits vor Beginn des Projektes Eile geboten ist. Ihr Auftraggeber hat vielleicht die Probleme zu lange schleifen lassen und gehofft, dass sie sich von selbst lösen. Zum Beispiel vor der Euro-Umstellung hat man in vielen Unternehmen viel zu lange gewartet bis man dann in Hektik schnell alles Notwendige regeln musste. Zum Beispiel auch die Gefahr internationalen Terrors war lange bekannt und dennoch unterschätzt worden. Erst nach dem Anschlag in New York wurden eiligst Aktionen in Politik und Wirtschaft in Gang gesetzt.

Auch bei Ihren privaten Projekten kann es schon vor dem Start zu Zeitdruck kommen. Wenn Ihnen die Wohnung oder der Job gekündigt werden, müssen Sie schneller reagieren, als wenn Sie in Ruhe zu der Überlegung kämen: „Ich könnte doch mal etwas für meine Karriere tun." Oder: „Ob ich mir auch ein eigenes Haus bauen soll?"

Wichtig ist, dass Sie zu Beginn des Projektes zwar zügig loslegen mit der Arbeit, sich jedoch nicht von eigener innerer Hektik oder von Druck durch andere zu Unüberlegtem hinreißen lassen. Zumindest müssen Sie einmal in aller Sorgfalt den sieben Kernfragen laut Checkliste nachgehen. Übertriebene Eile zu Beginn eines Projektes bedeutet fast immer große Verzögerungen im Verlauf der Umsetzung und gegen Ende, wenn das Ergebnis nicht den Erwartungen entspricht.

Bei Problemlösungsprojekten geht es darum, zuerst einmal den Sachverhalt genau zu verstehen. Danach ist die für dieses spezielle Vorhaben optimale Lösung zu identifizieren. Anschließend muss im

Detail festgelegt werden, was genau zu erstellen ist. Danach geht es um das Wie der Umsetzung. Wenn die Pläne fertig sind, ist das Thema Kreativität weitgehend abgearbeitet. Es muss dann diszipliniert nach den Plänen umgesetzt werden. Kreativität ist natürlich immer wieder bei Unerwartetem und bei Problemen erforderlich. Es darf jedoch nicht sein, dass ständig neue Ideen und Änderungsanträge das bereits Fertige wieder in Frage stellt. Das muss auch Ihr Auftraggeber wissen! Für ihn ist nach dem Redaktionsschluss der dritten Phase das Ende der Kreativität erreicht.

4.2 Problemfindungs-Projekte als Ideenauslöser

Bei Projekten zur Problemfindung geht es fast immer darum, eine Marktlücke zu entdecken. Vielleicht hat man in Ihrem Unternehmen den Wunsch, neue Kundenschichten zu erschließen und braucht dafür neue Produkte oder Leistungen.

Zum Beispiel mussten sich Kurkliniken, die jahrelang sehr gut verdient hatten, neu orientieren. Die Änderungen in der Gesundheitspolitik stoppten den bisher zuverlässigen Zustrom von Kurgästen. Was macht man dann mit der Kurklinik? Man kann sich auf Manager in mittleren Jahren spezialisieren. Die bekommen ein Gesundheits-Check up mit Programm für Fitness, Figur und langes Leben. Man kann sich auf reiche Kranke in England einstellen, die im Heimatland jahrelang auf OP-Termine warten müssen. Man bietet ihnen als Kompaktprogramm die OP in Deutschland inklusive dem gesamten Reisebuchungsservice.

Vielleicht wollen Sie sich mit einem eigenen Unternehmen selbstständig machen und wissen aber noch nicht genau, womit Sie an den Markt gehen wollen. Sie haben zum Beispiel eine Ausbildung bei der Bank gemacht. Sie können sich mit einem IT-Profi zusammentun und ein Softwareunternehmen gründen, in dem Systeme für Finanzdienstleister entwickelt werden. Sie können als selbstständiger Anlageberater einen eigenen Kundenstamm aufbauen. Sie kön-

nen sich als „Geld-Trainer" den aktuellen Trend zu Nutze machen
und Bücher und Seminare anbieten mit der Themenrichtung: „Wie
wird man reich?"

Ganz zu Anfang hat man irgendetwas. Das können spezielle Stärken
und Qualifikationen sein oder auch Materielles wie eine Kurklinik.
Manchmal steckt auch nur eine besondere Vorliebe hinter dem
Drang: „Daraus will ich etwas machen!" Sie sind zum Beispiel begeisterter Bergsteiger und suchen nun nach einer Idee, wie Sie das
Hobby in Zukunft nicht mehr nur in der knappen Urlaubszeit pflegen, sondern zur Erwerbsquelle ausbauen wollen. Bergführer gibt es
heute reichlich. Vielleicht spezialisieren Sie sich auf behinderte Jugendliche, die durch das Abenteuer Bergsteigen selbstständiger werden.

Damit die Kreativität ausgelöst wird, muss zunächst die „Ur-Frage"
aller Problemfindungs-Projekte gestellt werden:

• Wer hat ein Problem, das ich/wir lösen kann/können?

Man kann auch anders fragen:

• Bei wem lässt sich ein bisher noch unerkannter Bedarf wecken?

Zum Beispiel basierte die Erfindung und höchst erfolgreiche Vermarktung des Walkman vor einigen Jahren auf einer ähnlichen
Frage. Der Erfinder kam darauf, dass vor allem junge Leute am
liebsten ständig ihre Musik hören möchten. Sie nahmen ihre Koffer-
radios überall mit hin. Ein Weile ließ sich der Radio-Herumtrage-
Trend so weit ausdehnen, dass sich die Kids mit gewaltigen Geräten
auf den Schultern abschleppten, den „Ghetto-Blasters". Die jungen
Leute hatten natürlich kein Problem damit, sie waren sogar stolz
auf die Größe ihrer trendigen Statussymbole. Das änderte sich
schlagartig, als der Walkman auf den Markt kam. Plötzlich wurde
den Kids klar, wie lästig es war, das schwere Ding zu buckeln. Problem gelöst: Kopfhörer auf, und schon sind die Hände frei!

Eine häufige Fehlerquelle bei Projekten, die von einer Zielgruppe ausgehen, ist das Streben nach zu vielen Abnehmern des Projektproduktes gleich von Anfang an. Wenn Sie zum Beispiel eine Software für niedergelassene Ärzte herstellen wollen, dann kann es sinnvoll sein, sich erst einmal nur auf Zahnärzte zu spezialisieren. Erst, wenn Sie diese relativ kleine Zielgruppe sicher „im Griff" haben, können Sie ausweiten auf andere Mediziner bis schließlich zu Privatkliniken, Homöopathen und sonstigen Abnehmern für Ihre Produkte.

Wenn Sie zum Beispiel eine TV-Serie entwickeln wollen, ist es besser, Sie richten sich an eine bestimmte Zielgruppe. Die wird durch Alter, Bildung und ähnliches bestimmt. Wenn Sie unbedingt vom Enkel bis zum Opa alle denkbaren Zuschauer erreichen wollen, stehen Sie am Ende mit einem Mischprogramm da, das keiner sehen will.

Die Gefahr bei einer zu großen und somit viel zu variantenreichen Zielgruppe besteht darin, dass Ihr Produkt zu aufwendig wird. Sie wollen damit zu viele Ansprüche auf einmal befriedigen, damit jeder etwas davon hat. Bei der Software für alle und für jeden Bedarf sind Ihre Kosten viel zu hoch. Außerdem könnte das System so komplex werden, dass die Ärzte keine Lust haben, es überhaupt zu begreifen. Auf keinen Fall wollen sie alle die Funktionen auch bezahlen, die sie gar nicht nutzen werden. Das bedeutet für Sie, dass Sie auf Anhieb mit verschiedenen Varianten an den Markt gehen müssen. Jeweils einzelne Kunden kommen dann noch mit Sonderwünschen, und schon ist das Chaos perfekt.

Sie haben zu viel Arbeit und zu hohe Kosten damit, und die Kunden erleben Sie als Gemischtwarenhändler und nicht als Spezialanbieter für ihre ganz speziellen Belange. Größer werden können Sie später immer noch. Sichern Sie sich zuerst das Vertrauen und die Anhänglichkeit einer klar definierten Zielgruppe.

Problemfindungs-Projekte laufen alle recht ähnlich in sieben Phasen ab (Bild 4.2: Phasen eines Problemfindungsprojektes). Die erste Phase dient der Selbstanalyse. Sie oder Ihr Team fragen sich, was Ihre Stärken sind, was Sie zu bieten haben oder was Sie gerne tun würden.

Die zweite und die dritte Phase sind bei dieser Art Projekten die wichtigsten. Sie finden Ihre Zielgruppe und stellen dort ein ungelöstes Problem oder einen zu weckenden Bedarf fest. Dazu gehen Sie mehrere denkbare Zielgruppen durch, die Sie vielleicht auch noch immer enger eingrenzen. Sie könnten zum Beispiel junge Unternehmer als mögliche Kunden für sich anstreben. Dann erkennen Sie, dass speziell die Kinder türkischer Gastarbeiter enorm dynamisch am Markt tätig sind und Unternehmen gründen. Nun befassen Sie sich mit Ihrem Team in Kreativprozessen speziell mit dieser Zielgruppe. Sie stellen Fragen wie:

• Was zeichnet diese Zielgruppe besonders aus?
• Wie leben und arbeiten diese Menschen?
• Wer und was beeinflusst sie?
• Wer sind ihre Trendsetter?
• Welche Medien nutzen sie?
• Was macht sie erfolgreich?
• Wie bauen sie ihre Unternehmen auf?
• Wie finanzieren sie sich?
• Was streben sie an?
• Was nervt oder belastet sie?
• Welche Trends haben sie bereits mitgemacht?
• Mit welchen Anbietern von Problemlösungen arbeiten sie bisher? Was bieten die ihnen?
• Wie groß ist die Zielgruppe?
• Wie steht es um ihre Kaufkraft?

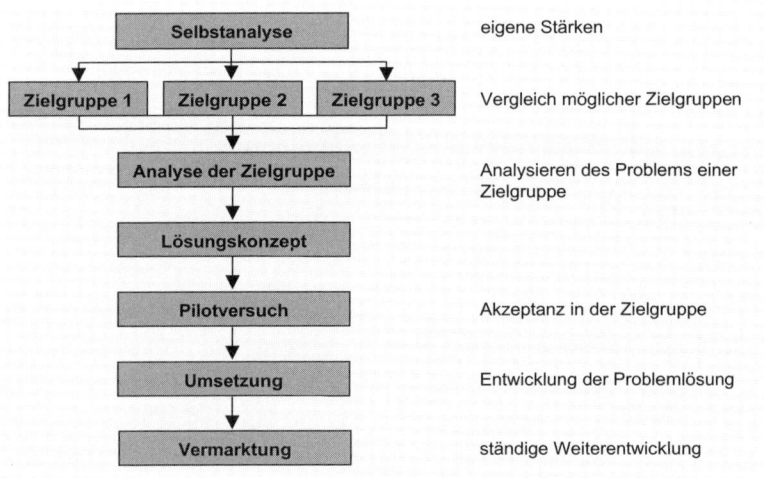

Bild 4.2: Phasen eines Problemfindungsprojektes

Zunächst wollen Sie die Zielgruppe möglichst gut verstehen. Der erste wichtige kreative Akt ist, dass Sie auf die richtigen Fragen kommen. Automatisch werden Sie auf Probleme stoßen oder auf Ideen, was man der Zielgruppe Gutes tun könnte. Von da kommen Sie ebenfalls fast automatisch auf mögliche Verbindungen zwischen dem, was Sie zu bieten haben und dem, was die Zielgruppe abnehmen würde.

Damit Sie sich nicht zu früh auf eine Zielgruppe festlegen, der Sie am Ende vielleicht doch nicht wirklich etwas bieten können, sollten Sie zunächst mehrere mögliche Zielgruppen ins Auge fassen. Sie könnten neben den jungen Türkischstämmigen auch weibliche Jungunternehmer und Erben von kleineren Handwerksbetrieben unter die Lupe nehmen.

Wenn Sie sich schließlich auf eine Zielgruppe festgelegt und darin für ein ungelöstes Problem entschieden haben, dann dürfen Sie sich keinesfalls mit Ihrem Team zurückziehen und nach eigenem Gutdünken eine Lösung entwickeln. Sonst stehen Sie am Ende mit einer Lösung für ein Problem da, das die Zielgruppe gar nicht gelöst haben will!

In der vierten Phase entwickeln Sie erst einmal einen Prototypen oder ein Konzept für das, was Sie für eine gute Lösung halten.

In der fünften Phase gehen Sie versuchsweise an die Zielgruppe heran. Sie stellen ausgewählten Pilotkunden oder Testern Ihr Konzept vor oder stellen ihnen den Prototypen probeweise zur Verfügung. Jetzt setzt bei den Testern die Kreativität ein. Angeregt durch Ihr Angebot wird ihnen vielleicht erstmals das Problem bewusst oder sie entwickeln Lust auf die Sache. Das löst bei ihnen weitere Ideen aus: „Könnte man nicht auch noch …?" „Die Funktion … wäre auch gut." In dieser Phase stellen Sie bitte auch fest, welchen Preis die Zielgruppe zu zahlen bereit ist.

Nach der Pilotphase wissen Sie, ob Ihr Projektprodukt bei der Zielgruppe Chancen hat und welche Ergänzungen auch noch gewünscht werden. Sie können jetzt in der Entwicklungsphase das herstellen, was Ihrer Zielgruppe das Problem löst oder Wünsche weckt und befriedigt.

Die siebte Phase ist die der Vermarktung. Jetzt verkaufen Sie und legen gleich los, neue Zielgruppen zu erschließen oder das Angebot zu erweitern oder das Projektprodukt zu perfektionieren oder was sonst noch Ihre Strategie am Markt ist.

4.3 Trend Scouting als Ideenauslöser

Trend Scouting ist eine Kombination aus Feeling für Strömungen und Schnelligkeit beim Aufspringen auf einen Zug. Dazu muss man wissen, wo die Trends herkommen, die Einfluss auf den Markt haben, den man bedienen will. Unternehmensberater haben zum Beispiel ständig die USA und teilweise noch Japan im Blick. Von dort kommen die „Managermoden", zu denen sie dann schnell Angebote für den deutschen oder europäischen Markt entwickeln. Die Hersteller von Turnschuhen sind auf den Straßen der Großstädte unterwegs und stellen dort fest, was bei den Kids ankommt.

Wenn Sie und Ihr Team vielleicht auch nicht direkt als Trend Scouts tätig sind, die allerneuesten Strömungen zu erfassen, so müssen Sie vielleicht dennoch stets wissen, was sich demnächst bei den Kunden Ihres Arbeitgebers gut verkaufen lässt. Wenn Ihre Zielgruppe Kinder und Jugendliche sind, dann werden Sie weder Harry Potter, noch die Helden der bunten Vorabendserien verpasst haben. Wenn Sie bei einem Anbieter für Managementtrainings tätig sind, dann müssen Sie es mitbekommen, wenn „Drachenfliegen für Manager" mega out ist und man lieber „Kochen in der Toscana" oder „Feng Shui for Business" anbieten sollte.

Manchmal geht es bei den Trends tatsächlich um neue Produkte und Dienstleistungen, die Sie in Ihren Projekten entwickeln und zur Marktreife führen. Manchmal müssen Sie auch nur „alte Weine in neuen Schläuchen" verkaufen. Dann können bestimmte Begriffe und Anpassungen wichtig sein. Zum Beispiel kam von einiger Zeit das Wort „Power" sehr in Mode. „Power Beads" verkauften sich rasend gut als Glücksbringer. In den Unternehmen war „Empowerment" der letzte Schrei. Rhetoriker boten Seminare zu „Power Talk" an.

Neue Produkte aber auch alte Produkte in neuer Aufmachung kommen und gehen. Wenn Sie als Projektleiter die Aufgabe haben, mit Ihrem Team Trends zu erfassen und für Ihre Kunden nutzbar zu machen, dann ist Trend Scouting Ihr Job.

 Wenn Sie für Trendprojekte verantwortlich sind, müssen Sie sich im Interesse Ihrer eigenen beruflichen Laufbahn regelmäßig zwei Fragen stellen:

▶ Bin ich eigentlich noch der richtige Trend Scout für unsere Zielgruppe?

▶ Ist mein Arbeitgeber eigentlich das richtige Unternehmen für neue Trends dieser Zielgruppe?

Häufig kann man sehr gut Trends einer Zielgruppe aufspüren, wenn man dieser selbst angehört oder nahe steht. Wenn Sie jung und begeisterter Sportler sind, können Sie vergleichsweise leicht Trends für Sportartikelhersteller intuitiv erfassen. Ihnen fällt es dagegen vielleicht schwer, Trends für die Kunden von Kreuzfahrtschiffen zu erkennen. Deren Mentalität liegt Ihnen fern, oder es interessiert Sie einfach nicht.

Es kann sein, dass Ihre Lebensentwicklung Sie innerlich von einer Zielgruppe entfernt, die Ihnen vorher sehr nahe stand. Das müssen Sie rechtzeitig merken!

Sie müssen auch unbedingt kritisch Ihr eigenes Unternehmen betrachten. Kann es bei der angestrebten Zielgruppe überhaupt Trendprodukte verkaufen? Wird es als „trendy" angenommen?

Zum Beispiel hat der Textilanbieter C&A vor einiger Zeit versucht, sich junge und modisch bewusste Kunden zu erschließen. Das war ein Flop. Die angestrebte Zielgruppe wollte sich nicht selbst als C&A-Kunden sehen, ganz egal, was dort angeboten wurde. Es hat dem Unternehmen einige Verluste und großen Imageschaden bei der ursprünglichen Zielgruppe eingebracht, sich den Flop zu leisten.

Sie als bester Trendprojektleiter können unmöglich erfolgreich sein, wenn Sie dazu im „falschen" Unternehmen sitzen.

Sie gehen wie bei Problemfindungsprojekten zunächst von Ihrer
Zielgruppe aus und fahren wie ein übermodernes Mitglied dieser
Zielgruppe Ihre Antennen aus. Sie wollen gleich der Erste sein, der
es mitbekommt, wenn neue Moden sich anbahnen. Sie gehen Fragen wie den folgenden nach:

- Wie lebt unsere Zielgruppe zur Zeit?
- Was beeinflusst sie?
- Welche Medien werden konsumiert?
- Wofür wird Geld ausgegeben?
- Welche Trends haben sich bisher durchgesetzt?
- Wer sind innerhalb der Zielgruppe die Trendsetter, die Mitläufer,
  die Nachzügler?
- Bei wem muss ein Trend angekommen sein, damit er als out gilt?
- Wer wächst demnächst in unsere Zielgruppe hinein?
- Wie unterscheidet sich der Nachwuchs unserer Zielgruppe von
  den Vorgängern?
- Was sind die Ideale, Werte und Sehnsüchte der Zielgruppe?
- Was erwartet, hofft, befürchtet die Zielgruppe von ihrer Zu-
  kunft?
- Was bedeutet den Individuen die Zugehörigkeit zur Zielgruppe?
- Welches Image haben wir bei der Zielgruppe?
- Welche Trends haben wir bisher erfolgreich bedient?
- Welche Trends haben wir verpasst oder falsch eingeschätzt?

Sie und Ihre Mitarbeiter sind in der Zielgruppe unterwegs, konsu-
mieren deren Medien, hören deren Idolen zu und leiten daraus
Ideen ab:

- Was können wir passend zu diesem Trend anbieten?
- Wie kommen wir schnell damit an den Markt?
- Welche Gewinnchancen sind für uns drin?
- Welche Risiken können sich für uns ergeben?
- Wie können wir mit unserem Trend-Angebot die Zielgruppe er-
  reichen?

Wenn Sie einen interessanten Trend erkannt haben, dann schlagen Sie Ihrem Management vor, was Sie für erfolgversprechend halten und wie Sie damit bei der Zielgruppe ankommen wollen. Sollte die Entscheidung für eine Umsetzung fallen, legen Sie mit Ihrem Team los oder geben den Auftrag weiter an ein anderes Projektteam, weil Sie auf der Jagd nach dem nächsten Trend sind.

4.4 Andere Auslöser für Ideen und Projekte zu Ideen

Der reine Zufall kann jemanden auf Ideen bringen aus denen sich Projekte generieren lassen. Zum Beispiel die Potenzpille Viagra entstammt dem Zufall im Rahmen einer Forschung. Die Forscher hatten ganz andere Ziele vor Augen, als sie plötzlich darauf kamen, dass sich mit ihrem neu entwickelten Präparat die Potenz steigern lässt. Die Pille war sofort ein Renner auf dem Markt. Damit nicht genug, löste sie eine Unzahl weiterer Projekte aus. Wettbewerber wollten sofort nachziehen und Konkurrenzprodukte auf den Markt bringen. Erste Todesfälle mit Viagra lösten Projekte zur Erforschung besserer Präparate aus. Die Frage, ob man auch eine vergleichbare Pille für Frauen als weitere Zielgruppe entwickeln sollte, führte ebenfalls zu Projekten. Wo es eine Pille gibt, folgt bald die Entwicklung von Spezialpräparaten für Männer verschiedener Altersgruppen oder verschiedene körperliche Konditionen. Wo es eine Pille gibt, braucht man vielleicht auch bald Begleitprodukte wie Bücher oder Viagra als Tropfen für Menschen, die nicht gerne Tabletten schlucken oder auch trendige Pillendöschen.

Mangelsituationen oder Notlagen lösen Ideen aus. Sie wissen sicherlich auch aus privater Erfahrung, auf welche guten Ideen man kommen kann, wenn einem nicht das Geld in der Tasche steckt, sich immer alles fertig zu kaufen, was man haben möchte. Zum Beispiel im Eigenheim lässt sich vieles kreativ selber basteln. Wenn man sich anschaut, was manchen Arbeitslosen einfällt, die auf keinen Fall

von „Stütze" leben wollen und sich notgedrungen mit einer Ge-
schäftsidee selbstständig machen, dann wird einem klar: Ohne die
Notlage wäre diesem Menschen diese Idee nie gekommen. In manchen Unternehmen muss erst die Bedrohung von Schließungen ins
Haus stehen, bis Ideen für alternative Vergütungs- oder Arbeitszeit-
modelle entwickelt werden.

Man sagt, der Krieg sei „Vater aller Erfindungen". Das bedeutet
nicht, dass den Menschen aus purer Kriegslust viele Ideen kommen.
Es ist ganz einfach so, dass die Staatslenker im Interesse ihrer
Kriegsziele Gelder für Forschungen und Entwicklungen zur Verfügung stellen. Hinzu kam zumindest in früheren Zeiten die notwendige „vaterländische Begeisterung", die dann tatsächlich Erfindungen förderten, die sich anschließend auch im Zivilleben nutzen
ließen. Heute versuchen manche Unternehmen die „Kriegslust" zu
schüren, indem sie ihre Mitarbeiter ermuntern, Märkte zu „ero-
bern", die Konkurrenten „auszuschalten" oder die Kosten zu „be-
kämpfen".

 Bei Problemlösungsprojekten geht die Kreativität aus von der Diffe-
renz zwischen einem Ist-Zustand und einem angestrebten Soll-Zu-
stand. Demnach gehen alle Fragen zur Auslösung kreativer Ideen
von den drei Kernfragen aus:

Wie ist es jetzt?

Wie soll es anders und besser werden?

Wie kommen wir vom Ist zum Ziel?

Auch die intensive Beschäftigung mit einer fest umrissenen Zielgruppe bei
Problemfindungsprojekten gehört zur Basis der Kreativität. Dieser Zielgruppe
wollen Sie mit Ihrem Team etwas anbieten, was zu Ihren eigenen Stärken
passt. Demnach gehen alle Fragen zur Auslösung kreativer Ideen von den
zwei Kernfragen aus:

Was ist das Besondere an dieser Zielgruppe?

Was kann man für sie verbessern?

Trendprojekte verschiedener Branchen verlaufen natürlich immer etwas unterschiedlich. Aber die vier Kernfragen sind immer gleich:

Was bahnt sich an Neuem an?

Wie wird es unsere Zielgruppe annehmen?

Was können wir daraus machen?

Wie wollen wir mit unserem Angebot auf den Markt?

Was oder wer auch immer Ihr Projekt ausgelöst hat, das brauchen Sie und Ihre Teammitglieder in jedem Fall: Sie brauchen die kreative Phantasie, sich auszumalen, was anders und besser sein soll als bisher. Sie brauchen die Rationalität, richtig einzuschätzen, womit und wie Erfolg möglich ist oder auch nicht. Sie brauchen außerdem die Begeisterung oder den notwendigen Leidensdruck, sich unbedingt für Ihr Projekt einsetzen zu wollen. Und schließlich brauchen Sie Kenntnis zu den Techniken, die Ihnen bei der Generierung von Ideen helfen können.

Letztlich starten alle Projekte mit Fragen, die zu Ideen führen sollen. Die beiden Kernfragen sind dabei:

Was sollen wir erreichen?

Wie kommen wir zu unserem Ziel?

5 So generieren Sie mit Ihrem Team Ideen für Ihr Projekt

5.1 Machen Sie Kreativitätstechniken nicht zu Kreativitätsbremsen

Es gibt viele interessante Techniken, die Ihnen und Ihrem Team beim Finden von Ideen, Entwickeln von Strategien und Durchdenken von Konzepten helfen können. Sie als Projektleiter sollten sich unbedingt mit den Techniken vertraut machen. Das gehört zu Ihrer geistigen Grundausstattung für Führungsaufgaben.

Allerdings sind manche der Techniken derart kompliziert und „um die Ecke gedacht", dass sie schon wieder zu Kreativitätsbremsen werden können. Deshalb ist es gut, wenn man sich einmal mit ihrer Anwendung vertraut macht und sie dann für die praktische Anwendung zurechtstutzt, wie es zum Projekt passt.

Bitte üben Sie grundsätzlich jede der Techniken einmal an einem Beispiel mit Ihrem Team durch. Tun Sie das auch mit so einfachen wie die Kartenabfrage. Der Teufel kann im Detail stecken, und schon kommt es zu Ärger, weil jemand die Regeln anders auffasst als Sie oder weil jemand die Anweisungen falsch verstanden hat.

Üben Sie die Techniken deshalb nicht an projektrelevanten Themen, weil es dann schwierig werden kann, bei Missverständnissen Technik und Inhalt zu unterscheiden. Zum Beispiel können Sie die Kartenabfrage anwenden, um einmal Ideen für einen Betriebsausflug zu sammeln. Sie können Mindmapping üben durch Zusammentragen von Ideen für bessere Kundenorientierung der Bahn. Sie können Denkstühle oder Denkhüte ausprobieren, um einmal die Möglichkeit einer eigenen Unternehmensgründung von allen Seiten zu betrachten. Wichtig ist, dass Ihre Mitarbeiter erkennen, wie und wozu die jeweilige Technik in Ihrem Projekt angewendet werden kann.

Sie werden sehen, dass Sie mit den einfachsten Techniken vermutlich wunderbar auskommen werden. Das sollte Sie nicht hindern, sich selbst und Ihre Mitarbeiter auch mit anspruchsvolleren vertraut zu machen. Ob Sie sie dann in der Praxis anwenden, können Sie später immer noch entscheiden.

 Machen Sie sich nicht die Mühe, zuerst selber die anspruchsvolleren Techniken zu erlernen, um sie dann dem Team zu vermitteln. Die Arbeit können Sie wunderbar delegieren. Bieten Sie den Mitarbeitern an, sich jeweils zu zweit oder dritt in die Anwendung des Morphologischen Kastens, der Bisoziation oder was auch immer einzuarbeiten. Der Reihe nach sollen dann in den nächsten Meetings die Methoden dem gesamten Team vorgestellt werden. Dazu mögen die Arbeitsgruppen sich ein Spielbeispiel zur Probe ausdenken. Anschließend wird gemeinsam diskutiert, ob man damit im aktuellen Projekt arbeiten will oder nicht.

Sie haben damit zwei Vorteile:

1. Sie und Ihr Team lernen neue Techniken kennen.
2. Sie können wunderbar beobachten, wer von Ihren Mitarbeitern gut moderieren und Gruppenprozesse steuern kann. So finden Sie gleich heraus, wen Sie im Laufe des Projektes mit der Leitung von Teilprojekten und Arbeitsgruppen betrauen können.

5.2 Ideensammlung durch Kartenabfrage

Die einfachste Kreativitätstechnik ist das Brainstorming mit Kartenabfrage. Sie wird zu Recht wohl am häufigsten angewendet. Man kann damit sehr schnell die Vorstellungen einer Arbeitsgruppe sammeln und neue Ideen anregen. Gehen Sie wie folgt vor:

Sie haben vorher eine oder mehrere bespannte Pinnwände vorbereitet. Für die Teilnehmer des Workshops liegen dicke Stifte und Karten bereit.

Nennen Sie zuerst das Ziel der Veranstaltung. Das kann zum Beispiel sein: „Wir wollen heute alle Ideen zur Verbesserung des Kundenservice sammeln." „Heute wollen wir Ihre Erwartungen an unser Projekt erfahren." „Wir wollen heute die Entscheidungskriterien zur Auswahl der neuen IT-Technik festlegen."

Danach schreiben Sie die Frage für das Brainstorming an die Pinnwand. Falls Sie sie bereits vorher angeschrieben haben, machen Sie sie jetzt sichtbar. Die Teilnehmer sollten die Frage nicht schon vorher sehen können. Sie würden davon wie hypnotisiert sein und Ihnen nicht mehr zuhören oder Sie womöglich in einen Disput verwikkeln: „So kann man nicht fragen!"

Sie können eine Frage oder auch eine Aufforderung formulieren: „Was erwarten unsere Kunden von uns?" „Für uns ist das Projekt ein Erfolg, wenn …" „Die neue Technik muss Folgendes bieten:"

Achten Sie bitte auf Eindeutigkeit in der Formulierung. Wenn nicht ganz klar ist, was Sie erfragen, stehen Sie am Ende mit Karten da, die Sie nicht richtig einordnen können. Schlecht formuliert wäre zum Beispiel: „Was erwarten unsere Kunden von uns, und was können wir ihnen bieten?" „Was sind die Probleme mit der Technik, wie soll es besser werden?

Falls es inhaltliche Verständnisfragen gibt, sollten Sie sie zügig beantworten. Vielleicht will ein Teilnehmer genauer wissen, wer mit den Kunden gemeint ist, falls es unterschiedliche Kundengruppen gibt. Oder ein Teilnehmer möchte bei der Technik zwischen Hard- und Software unterscheiden. Lassen Sie sich jedoch nicht auf zähe Diskussionen ein, ob man so oder anders oder überhaupt fragen sollte. Es vernichtet die spontane Kreativität, wenn die Anwesenden sich erst einmal anhören müssen, wie Sie mit einem querulantischen Rechthaber über die Formulierung herumstreiten.

Fordern Sie die Teilnehmer auf, ihre Ideen auf die Karten zu schreiben. Auch wenn alle schon mit dieser Technik gearbeitet haben, sollten Sie noch einmal kurz an die Spielregeln erinnern:

- Pro Gedanke eine Karte.
- Nur in Stichworten formulieren.
- So groß schreiben, dass es später an der Pinnwand gelesen werden kann.
- Wer fertig ist, lege bitte den Stift hin.
- Eingesammelt wird, wenn alle fertig sind.

Bitten Sie auch darum, dass niemand den Sitznachbarn während des Prozesses in Gespräche verwickelt. Es muss Ruhe herrschen solange noch jemand nachdenkt oder schreibt.

Sie können die Anzahl der Karten begrenzen. Damit schließen Sie zwar viele Ideen, die die Teilnehmer des Workshops haben aus, erreichen jedoch eine Priorisierung. Wer nur drei oder fünf Karten beschreiben darf, wird die Gedanken zum Thema auswählen, die besonders wichtig erscheinen.

Sie können auch die unterschiedlichen Farben der Karten nutzen. Drei Farben können zum Beispiel die Prioritäten unterscheiden. Mit zwei Farben können Sie Pro und Contra abfragen. Damit es keine Verwirrung unter den Teilnehmer gibt, sollten Sie das jedoch schon auf der Pinnwand kenntlich machen. Irgendeiner hat es ganz sicher nicht begriffen oder verwechselt und fragt den Nachbarn. Ehe Sie sich versehen, diskutieren die Teilnehmer über die unterschiedlichen Auffassungen bezüglich Ihrer Spielregeln. Das gleiche gilt für die Arbeit mit runden oder ovalen Karten. Machen Sie sehr deutlich, was wie verwendet werden soll oder welche Bedeutung damit verbunden ist.

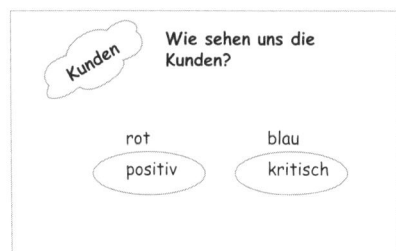 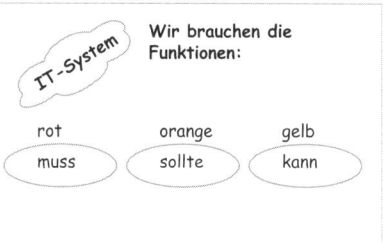

Wenn Sie die Kartenabfrage nicht mit Ihrem Team durchführen, sondern zum Beispiel mit Betroffenen Ihres Projektes oder mit Personalvertretern, dann berücksichtigen Sie unbedingt mögliche Empfindlichkeiten! Je kritischer die Teilnehmer des Workshops zum Projekt stehen, desto mehr vermuten sie Manipulation. Verzichten Sie dann vielleicht auf verschiedene Karten- oder Stiftfarben. Niemand soll vermuten, Sie versuchten damit festzuhalten, wer welche Karte geschrieben hat.

Lesen Sie auch auf keinen Fall beim Einsammeln schon mal schnell, was auf den Karten steht, die Sie den Teilnehmern abnehmen. Fragen Sie nicht „Wer hat das geschrieben?".

Bei besonders großem Misstrauen, können Sie für das Protokoll die Karten abschreiben lassen und anschließend vor den Augen der Teilnehmer vernichten. Damit nehmen Sie dem letzten Angsthasen die Sorge, dass später doch noch Handschriften analysiert werden.

Beim Einsammeln sollten Sie die Karten sofort mischen. Wenn Sie sie der Reihe nach nur den Teilnehmern abnehmen und später in der Reihenfolge, wie Sie sie in der Hand halten, anpinnen, könnten Sie ungewollt jemanden ärgern. Für die ersten Karten haben Sie noch viel Platz auf der Pinnwand. Die letzten werden irgendwo noch in Ecken und an Ränder gequetscht. Und schon fühlen sich die Leute beleidigt, die ihre Karten auf den „schlechten Plätzen" sehen. Oder Sie pinnen bei Doppelnennungen die Karten übereinander. Dann sind die Leute beleidigt, die womöglich alle ihre Karten von denen anderer Teilnehmer überdeckt sehen. Denken Sie bitte daran, dass die Anwesenden sich Mühe gegeben haben, Ideen zu generieren und aufzuschreiben. Dann will auch jeder die eigene Handschrift an der Pinnwand sehen und zwar in fairer Verteilung. Mischen Sie also beim Einsammeln. So haben alle Teilnehmer gleiche Chancen, ihre Karten gut oder weniger gut positioniert zu sehen.

Wenn Sie alle Karten zusammen haben, pinnen Sie sie an. Sie können sie erst einfach mal in beliebigem Chaos an der Wand befestigen. Dann sehen alle, was an Ideen gekommen ist und welche Gliederungen sich daraus ergeben könnten. Sie können aber auch bereits eine Gliederung vorgeben und die Karten beim Anpinnen schon sortieren. Damit haben Sie und die Gruppe sofort eine Struktur vor Augen. Grundsätzlich gilt, dass keine der Ideen kritisiert werden darf. Wenn Sie das einmal zulassen, merken sich die Teilnehmer das und werden in zukünftigen Workshops ihre Kreativität unter Zensur stellen. Das kann nicht in Ihrem Interesse sein!

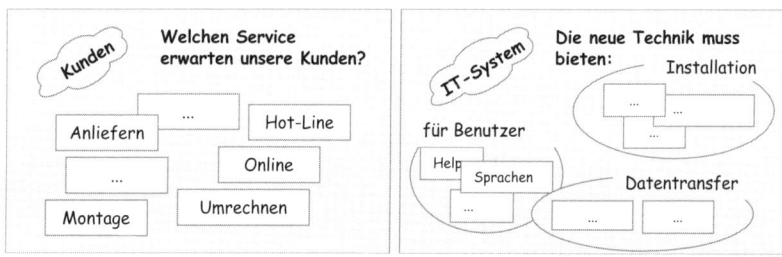

In dieser Phase gehen manche Workshops in öde Langeweile über. Danach kann von Engagement und Kreativität keine Rede mehr sein. Bedenken Sie bitte, dass die Teilnehmer soeben ihre Hirne angestrengt haben, möglichst schnell und gut alle Ideen aufzuschreiben und möglichst nichts zu vergessen. Sie sind nun gespannt, was auf den Karten der anderen steht. Außerdem setzt nach der geistigen Anstrengung eine leichte Müdigkeit ein. Wenn Sie jetzt nicht zügig alle Karten anpinnen, dann schlafen Ihnen die passiven Zuschauer ein!

Halten Sie sich nicht mit demokratischen Diskussionen auf, welche Karte wohin gepinnt werden soll. Entscheiden Sie das selbst blitzschnell bei jeder Karte, wenn Sie sie lesen. Wenn es nicht auf Anhieb klar ist, pinnen Sie eine Karte erst einmal an den Rand. Zusortieren kann man später immer noch. Fordern Sie die Anwesenden auf, sich gegebenenfalls sofort zu Wort zu melden, wenn sie meinen, eine Karte sei falsch positioniert. In dem Fall befestigen Sie sie da, wo der betreffende Teilnehmer sie haben will. Geraten zwei Teilnehmer in eine Diskussion, wohin mit einer Karte, dann soll der Autor entscheiden. Fertig, und weiter mit der nächsten. Da nichts geklebt ist, kann man ja später immer noch hin und her sortieren. Jetzt ist erst einmal wichtig, dass alle Karten für jeden sichtbar sind.

Bitten Sie die Teilnehmer nun, sich alles durchzulesen, darüber nachzudenken und sich von den vorhandenen Karten gegebenenfalls zu weiteren Ideen anregen zu lassen. Wem jetzt noch etwas einfällt, der oder die schreibe weitere Karten und pinne sie selbst zu den vorhandenen.

Damit ist die Aktion der Ideensammlung beendet. Auf der Basis kann die Arbeit weitergehen. Sie können zum Beispiel Arbeitsgruppen beauftragen, sich mit bestimmten Karten zurückzuziehen und die Ideen zu verfeinern oder daraus Umsetzungsvorschläge zu erarbeiten.

 Für einen Workshop mit Kartenabfrage brauchen Sie:

▶ Vorformulierte, eindeutige Fragen oder Schreibaufforderungen,

▶ Pinnwände mit Papierbespannung,

▶ Karten in gegebenenfalls verschiedenen Farben und Formen,

▶ Mindestens pro Teilnehmer einen dicken Stift,

▶ Nadeln für das Anpinnen,

▶ Klebestift, für späteres Festkleben nach der Sortierung,

▶ Kamera, falls die Pinnwand fürs Protokoll abfotografiert werden soll,

▶ Flipchart.

Vielleicht brauchen Sie auch weitere Ideen zu einer anderen Frage oder Aufforderung. Dann gehen Sie jetzt an die zweite Pinnwand und starten die Aktion dort neu.

 Was zeichnet unsere
Zielgruppe aus?

 Wie wird sich der Markt
entwickeln?

 Auch wenn Sie bereits bei der Planung Ihres Workshops schon wissen, welche Fragen Sie stellen wollen, zeigen Sie niemals mehr als eine zur Zeit. Es kommt zu leicht zu Chaos. Manche Anwesenden hören nicht auf Ihre Anweisungen und schreiben gleich beim ersten Mal schon Karten für die zweite Pinnwand. Andere lassen sich bei den Ideen für die erste Wand von dem beeinflussen, was sie auf der zweiten Wand schon lesen. Wieder andere langweilt es, wenn sie im zweiten Brainstorming Ideen generieren sollen zu einer Frage, die sie schon kennen. Machen Sie es immer der Reihe nach mit jeder Pinnwand von Anfang an. Mehr als drei Brainstormings dieser Art sollten Sie jedoch nicht pro Workshop durchführen.

Wenn Sie mit Ihrem Team regelmäßig Ideen sammeln, können Sie auch auf das Kartenschreiben verzichten. Verwenden Sie ein Flipchart und lassen Sie die Ideen auf Zuruf notieren. Das hat neben der Schnelligkeit des Verfahrens zwei weitere Vorteile: Die Teilnehmer hören und sehen immer sofort die Ideen der Kollegen und lassen sich davon anregen. Außerdem werden Doppelnennungen vermieden.

Es kann passieren, dass Sie Teilnehmer in einem Workshop haben, die sich in der Runde sehr unauffällig und passiv verhalten. Sie tragen keine Ideen bei und äußern sich auch nicht zu ihren Bedenken oder Einwänden. Aber hinterher, unter vier Augen, reden sie mit Dritten über den „Blödsinn", der im Workshop „verzapft" wurde. Sie selbst fühlen sich als „Augenzeugen" berufen, das beurteilen zu können. Als Passive waren sie auch nicht „Mittäter" bei Erarbeitung der Ergebnisse. Wenn man sie dann fragt, wieso sie sich nicht während der Veranstaltung kritisch geäußert haben, dann kommen Sprüche wie: „Auf dem Niveau diskutiere ich gar nicht."

Wegen dieser hinterhältigen „Ergebnisvernichter" sollten Sie bevorzugt mit Kartenabfrage arbeiten. Sie können dann darauf achten, dass wirklich jeder Anwesende sich am Kartenschreiben beteiligt. Es fällt Miesmachern hinterher schwer, ein gemeinsames Ergebnis des Workshops in den Schmutz zu reden, wenn sie mit eigener Handschrift daran beteiligt waren.

Sollte es sich bei den Leuten, die sich im Nachhinein abfällig über den Workshop äußern, um Teammitglieder handeln, dann müssen Sie sie zur Rede stellen. Es darf nicht sein, dass durch solche Heimtücke ein Keil ins Team getrieben wird. Selbstbewusste Kollegen lassen sich von Miesmachern zwar nicht beeinflussen, aber weniger starke Mitarbeiter könnten bei zukünftigen Workshops vorsichtshalber mit Ideen hinter dem Berg halten. Sie wollen nicht Opfer der abfälligen Bemerkungen werden.

5.3 Zielfindung und Erwartungsabfrage

Bei vielen Projekten kommt es nicht nur darauf an, dass Sie sich mit Ihrem Auftraggeber bezüglich der Ziele und des Projektumfangs einigen. Sie müssen von einer großen Zahl von Betroffenen die individuellen Erwartungen möglichst gut erfüllen.

Stellen Sie sich dazu zum Beispiel Projekte vor wie:

• Fusionierung von Abteilungen mit Reorganisation aller Abläufe,
• Modernisierung der IT für alle Niederlassungen,
• Entwicklung eines neuen Vergütungskonzeptes.

Das sind typische Projekte, die bei vielen Betroffenen im Zentrum des Interesses stehen. Verschiedenste Erwartungen, Befürchtungen und Anforderungen müssen möglichst unter einen Hut gebracht werden. Von Ihnen als Projektleiter erwartet der Auftraggeber, dass Sie alle Betroffenen zufrieden stellen.

Sie können zu dem Zweck mit Ihrem Team einen Fragebogen entwickeln und dann bei den Betroffenen die Runde machen und fragen. Das ist nicht nur mit zeitraubenden Interviews verbunden, Sie stehen auch noch am Ende mit einem Sammelsurium an Wünschen da, die vorne und hinten nicht zusammenpassen und sich zum großen Teil auch widersprechen. Die Interviewten gehen jeder für sich natürlich davon aus, dass Sie genau das erstellen, was man Ihnen für den Fragebogen mitgeteilt hat. Wenn das Projektergebnis dann nicht so wird, ist die Enttäuschung groß. Verbittert beklagen sich die Betroffenen: „Wozu fragen die uns denn überhaupt, wenn sie sich ohnehin nicht an unseren Wünschen orientieren?"

Bevor Sie sich den Ärger mit aufwändigen und konfliktfördernden Interviews machen, sollten Sie lieber Kartenabfragen durchführen und auf der Basis zur Zielfindung kommen.

Gehen Sie dabei wie folgt vor:

1. Auswahl der Teilnehmer des Workshops

Es sollten alle die Personen teilnehmen, die ein persönliches Interesse an den Ergebnissen des Projektes haben. Sie können natürlich nicht zum Beispiel alle zweihundert Sachbearbeiter einladen. Schwierig wird es auch, wenn externe Kunden betroffen sein werden. Also müssen Sie repräsentative Personen stellvertretend einladen. Statt der externen Kunden holen Sie Vertriebsbeauftragte, statt der zweihundert Sachbearbeiter nur zwei aus jeder Abteilung oder einen aus jeder Niederlassung. Bei internen Projekten will der Betriebsrat ein Wort mitreden. Laden Sie Vertreter davon ein.

Wichtig ist, dass Ihr Auftraggeber mit in die Veranstaltung hineinkommt. Sollten die Ansprüche des Auftraggebers mit den Erwartungen der Betroffenen kollidieren, dann sollte das in diesem Workshop zum Thema werden.

Nehmen Sie auch Mitarbeiter Ihres Teams mit in die Veranstaltung. Sie brauchen die Nähe zu den Menschen, für die sie arbeiten sollen. Es ist wichtig, dass Ihre Mitarbeiter aus erster Hand erfahren, welche Wünsche und Befürchtungen, welche Ansprüche und Widerstände das Vorhaben beeinflussen.

2. Durchführen des Workshops

Sie leiten die Veranstaltung weil Sie als Projektleiter der Profi für eine solche Moderation sind. Lassen Sie jedoch zuerst den Auftraggeber die Anwesenden begrüßen.

Danach nennen Sie das Ziel der Veranstaltung und geben einen groben Überblick über den geplanten Verlauf. Machen Sie deutlich, dass Sie ausreichend Zeit für Diskussionen und Fragen eingeplant haben, zuerst jedoch Ideen, Vorstellungen und Anregungen sammeln wollen.

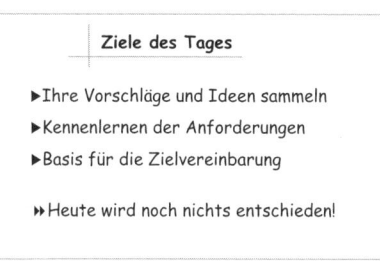

Anschließend sollte es sofort mit der ersten Kartenabfrage losgehen. Wenn Sie zuerst diskutieren lassen, zieht sich die Veranstaltung bis in die Nacht hin und führt am Ende zu keinem Ergebnis auf das Sie aufbauen können.

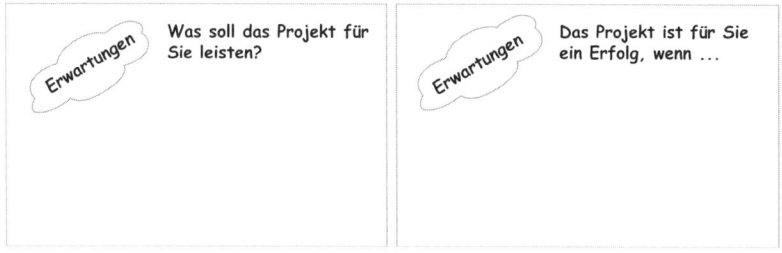

Sie können gegebenenfalls auch mögliche Einwände, Ablehnungen und Bedenken erfragen.

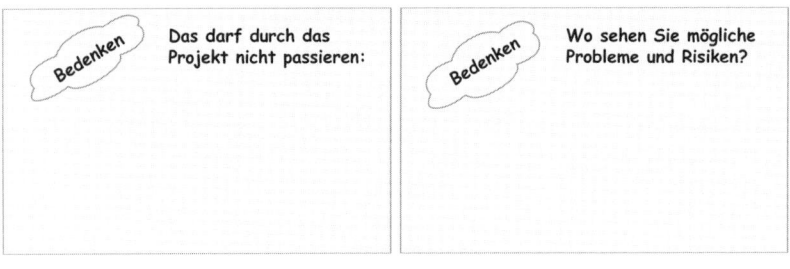

Mehr als drei Kartenabfragen sollten Sie nicht durchführen lassen. Das würde die Teilnehmer ermüden. Jetzt kommt der nächste Schritt. Sie können eine Diskussion in großer Runde initiieren oder eine Fragestunde abhalten. Am besten visualisieren Sie oder einer Ihrer Mitarbeiter am Flipchart, was sich jetzt mündlich noch an neuen Vorschlägen, Erkenntnissen oder Unklarheiten ergibt.

Sinn der Diskussion ist nicht, alle Anwesenden zu einer Einigung zu führen. Das geht sowieso nicht. Sinn ist, dass jeder die Chance hat, Fragen zu stellen und eigene Ansichten zum Projekt zu äußern. Jetzt kann auch der Auftraggeber einmal aus seiner Sicht das Projekt begründen und in einen strategischen Gesamtzusammenhang stellen.

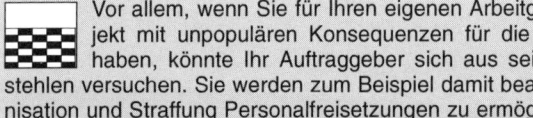 Vor allem, wenn Sie für Ihren eigenen Arbeitgeber ein internes Projekt mit unpopulären Konsequenzen für die Betroffenen zu leiten haben, könnte Ihr Auftraggeber sich aus seiner Verantwortung zu stehlen versuchen. Sie werden zum Beispiel damit beauftragt, durch Reorganisation und Straffung Personalfreisetzungen zu ermöglichen. Sie sollen zum Beispiel ein IT-System entwickeln, das die strengere Überwachung bestimmter Aufgabenbereiche garantiert. Sie sollen zum Beispiel durch Einführung von Neuerungen dafür sorgen, dass ganze Bereiche ausgelagert oder geschlossen werden können.

Der Auftraggeber möchte sich dann vielleicht gerne um die Verantwortung des Initiators eines solchen unpopulären Projektes drücken. Sie sollen sich mit den Mitarbeitern, den Personalvertretern und den anderen Führungskräften auseinandersetzen. Mit Ihnen, dem Projektleiter als Hersteller des Ungewollten, sollen die Gegner des Projektes sich reiben.

Lassen Sie das nicht mit sich machen! Sie wären nicht der Erste, den man mit einer solchen Aufgabe „verbrennt".

Praxisbeispiel: In einer deutschen Großstadt gab es in den verschiedenen Behörden eine über Jahre gewachsene zunehmend unübersichtliche IT-Landschaft mit allen nur denkbaren Soft- und Hardwaresystemen. Das Einwohner-meldeamt arbeitete mit anderer Technik als der Energieversorger. Im Rathaus wurde mit anderen Systemen verwaltet als im Katasteramt. In einem Großpro-jekt sollte ein einheitliches IT-System für alle Behörden eingeführt werden. Da-mit konnte nicht nur effizienter und billiger gearbeitet werden, auch den Ein-wohnern sollte zukünftig bei Ummeldungen das Laufen zu verschiedenen Stellen erspart bleiben. Außerdem sollte es möglich werden, via Internet Be-hördensachen zu erledigen oder an Wahlen teilzunehmen.

Sie können sich vorstellen, wie vehement in den diversen Ämtern die alten „Bereichsfürsten" das Projekt bekämpften. Damit wurde erheblich ihre bishe-rige Macht eingeschränkt. Auch die Personalvertreter liefen Sturm. Die neuen Techniken machten die Einstellung von ausgebildeten Fachleuten erforderlich. Es saßen aber in den Behörden noch überall umgeschulte Programmierer oder DV-Berater an den Bildschirmen. Sehr viele waren zu jung für die Pen-sionierung und zu alt und zu wenig qualifiziert für Umschulungen.

Dem Projektleiter standen zwar die eigenen Führungskräfte zur Seite, aber sie ließen ihn die Kämpfe mit den Projektgegnern allein bestehen. Nach gut zwei Jahren war endlich alles so, wie man es sich vorstellte. Da beschloss man an höchster Stelle, der Projektleiter habe es leider nicht geschafft, das Vertrauen von Kollegen, Personalrat und Angestellten zu gewinnen. Er war lei-der so verhasst, dass man ihn vor die Tür setzen musste.

Lassen Sie sich nicht mit Ihrem Projekt darauf ein, Stellvertreterkriege für den Vorstand zu führen! Holen Sie Auftraggeber und Entscheider mit ins Boot. Las-sen Sie sie an Workshops zur Zielfindung und Erwartungsabfragen teilnehmen!

Selbstverständlich übernehmen Sie bewusst die Verantwortung, sich durch unpopuläre Projekte notfalls auch einmal unbeliebt zu machen. Aber Sie be-stehen darauf, dass die Urheber des Vorhabens das mit Ihnen gemeinsam durchstehen.

Vor allem, wenn Sie bei dieser Veranstaltung mehr als zwanzig Teil-nehmer haben, müssen Sie Arbeitsgruppen einrichten. Generieren Sie aus den Ergebnissen der Kartenabfragen Aufgaben für Kleingruppen bis zu vier Personen. Lassen Sie die gesammelten Erwartungen an das Projekt spezifizieren oder priorisieren. Lassen Sie Vorschläge zur Vermeidung von unerwünschten Konsequenzen erarbeiten.

Welche Gruppenarbeiten Ihrem Projekt weiterhelfen, sollten Sie vorab mit Ihren Mitarbeitern oder mit dem Auftraggeber bespro-chen haben. Sie haben ja sicherlich schon bei der Vorbereitung des Workshops eine recht gute Vorstellung von dem, was vermutlich zu den Kartenabfragen an Ideen kommt.

Geben Sie den Arbeitsgruppen einen festen Zeitrahmen und lassen Sie sie dann allein arbeiten. Sie und Mitarbeiter Ihres Teams sollten jedoch verfügbar sein, um bei festgefahrenen Diskussionen oder anderen Problemen in den Gruppen zur Verfügung zu stehen.

Entscheiden Sie vorab, welche Gruppeneinteilung in Ihrem Fall sinnvoll ist. Sie können per Zufall jeweils vier Personen für eine Gruppe bestimmen. Sie können die Gruppen sich selber finden lassen. Sie können gezielt Betriebsrat, Geschäftsführung und Mitarbeiter trennen oder auch in einzelnen Gruppen zusammenführen. Wie Sie einteilen, hängt vom Projekt ab aber auch von den Wünschen Ihres Auftraggebers. Sprechen Sie vorher mit ihm oder ihr darüber.

Nach Ablauf der Arbeitszeit präsentieren die Gruppen der Reihe nach ihre Ergebnisse. Fragen können beantwortet und Details geklärt werden. Es geht jedoch auch jetzt nicht darum, dass alle Anwesenden sich auf irgendetwas einigen.

In dieser Veranstaltung sollen ja noch keine festen Entscheidungen fallen. Wichtig ist, dass Sie, Ihr Team und der Auftraggeber erfahren, welche Erwartungen und Bedenken die Betroffenen mit dem Projekt verbinden. Wichtig ist auch, dass die Betroffenen erfahren, wie unterschiedlich die Erwartungen in ihren eigenen Reihen sind. Es wird ihnen dann leichter fallen, notwendige Kompromisse zu akzeptieren. Wichtig ist auch, dass der Auftraggeber die Chance bekommt, mit den Betroffenen unmittelbar zu kommunizieren.

Am Ende des Workshops müssen Sie für den nächsten Schritt in Ihrem Projekt – die endgültige Zielvereinbarung – die notwendigen Informationen haben.

3. Klausursitzung des Projektteams

Sie nehmen die Ergebnisse der Kartenabfragen und der Gruppenarbeiten mit ins Projekt. Mit Ihren Mitarbeitern gehen Sie nun folgenden Fragen nach:

- Welche Erwartungen werden (von wem) an unser Projekt gerichtet?
- Welche Bedenken oder Ablehnungen sind deutlich geworden?
- Nach welchen Kriterien werden Auftraggeber und Betroffene unseren Erfolg messen?
- Wie können wir die Erwartungen erfüllen?
- Was ist technisch machbar?
- Welche Kosten und Aufwände würde es bedeuten?
- Welche Ressourcen brauchen wir dafür?
- Mit welchen Problemen und Risiken müssen wir rechnen?
- Wie bekommen wir Probleme und Risiken gegebenenfalls in den Griff?

Erarbeiten Sie mit Ihrem Team einen Vorschlag zur Zielvereinbarung mit Ihrem Auftraggeber:

- Das können wir in unserem Projekt erstellen: …
- Mit diesen Kosten und Aufwänden ist zu rechnen: …
- Diese Ressourcen brauchen wir dafür: …
- An diesen Stellen können wir Alternativen und Varianten anbieten: …
- Das ändert sich durch die Alternativen und Varianten: …
- Hiervon raten wir ab: … Weil: …
- Bei der Umsetzung werden wir so vorgehen: …
- Von Ihnen als Auftraggeber brauchen wir im Laufe des Projektes: …

4. Präsentation vor dem Auftraggeber

Mit Ihrem Angebot gehen Sie zum Auftraggeber. Geben Sie ihm oder ihr eventuell Zeit, sich die Sache noch einmal in Ruhe zu überlegen. Der Auftraggeber muss für sich Kosten und Nutzen des Projektes abwägen. Vielleicht sind auch auf Seiten der Geschäftsführung erst einmal die möglichen Alternativen zu betrachten.

5. Zielvereinbarung

Verhandeln Sie nach ausreichender Bedenkzeit mit dem Auftraggeber die endgültigen Ziele für Ihr Projekt. Eine saubere Zielvereinbarung enthält:

- Aufgabenumfang,
- Qualitätskriterien,
- Termin,
- Kosten, Ressourcen und Aufwände,
- Kriterien für die Erfolgsmessung,
- Priorisierung des Zielkatalogs.

Häufig wird an dieser Stelle ein Pflichtenheft erstellt. Sie achten bitte darauf, dass auf jeden Fall unmissverständlich zwischen Ihnen und dem Auftraggeber schriftlich vereinbart wird, was Sie bis wann und zu welchem Preis zu liefern haben. Gleichzeitig legen Sie schriftlich fest, welche Unterstützungen und Entscheidungen Sie zu welchen Terminen vom Auftraggeber brauchen.

6. Klausursitzung des Projektteams

Wenn die Ziele klar sind, erarbeiten Sie mit Ihrem Team eine Präsentation für die Betroffenen. Zumindest die Personen, die am Zielfindungsworkshop teilgenommen haben, müssen jetzt unbedingt eingeladen werden. Es ist ganz wichtig, dass sie sehen, was aus den Kartenabfragen und Gruppenarbeiten geworden ist. Sie wollen auch Erklärungen dafür haben, warum manche Erwartung leider nicht erfüllt werden kann.

Ihre Präsentation gliedern Sie am besten wir folgt:

- Die Ziele unseres Projektes sind: ...
- Das Projektergebnis wird so aussehen: ...
- Die Entscheidung wurde so getroffen, weil: ...
- Der Nutzen unseres Projektes ist: ...
- Wir müssen folgende Einschränkungen in Kauf nehmen: ...
- Durch unser Projekt ändert sich für Sie: ...

- Wir werden bei der Arbeit in folgenden Phasen vorgehen: ...
- Zu den Terminen ... sind die Zwischenzustände ... erreicht.
- In der Zusammenarbeit mit Ihnen erwarten wir von Ihnen: ...
- Ihr Ansprechpartner in unserem Team ist: ...

7. Präsentation vor den Betroffenen

Die Vorbereitung der Präsentation liegt natürlich in Ihren Händen. Gastgeber sollte jedoch der Auftraggeber sein. Damit wird noch einmal klar, wer die Verantwortung wofür trägt:

- Der Auftraggeber verantwortet, dass das Projekt überhaupt gegründet wurde.
- Sie als Projektleiter verantworten, dass es ein Erfolg wird.

 Bedenken Sie bitte, dass Manager es hassen, wenn man sie vor den Augen von Mitarbeitern durch Überraschungen in Verlegenheit bringt. Sie sollten deshalb vor jedem Workshop und vor jeder Präsentation einmal unter vier Augen mit dem Auftraggeber Ihre geplante Dramaturgie besprechen. Nennen Sie Ihre Ziele der Veranstaltung, sagen Sie, mit welchen Techniken Sie arbeiten wollen und begründen Sie, warum Sie mit Ihren Fragen oder Aufforderungen zum Brainstorming zu den gewünschten Ergebnissen kommen werden. Ihr Auftraggeber arbeitet gerne mit Ihnen zusammen, wenn er sich darauf verlassen kann, dass Sie ihn niemals vor Betroffenen oder anderen kritischen Parteien in peinliche Verlegenheiten bringen.

5.4 Brainstorming paradox

Um mögliche Denkblockaden zu überwinden oder auch nur, um einmal einen anderen Blickwinkel einzunehmen, bietet sich das Brainstorming paradox an. Sie fragen nicht mehr, wie Sie etwas gut machen können oder wie Sie erfolgreich sein werden. Sie fragen statt dessen nach dem, was Sie nicht erreichen wollen.

Sie werden sehen, dass sich manche Betriebsblindheit überhaupt erst durch eine paradoxe Betrachtung kuriert. Sehr oft kommen die Teilnehmer des Workshops nämlich zu der Erkenntnis: „Oh Schreck! Genau das, was zu Negativem führt, tun wir zum Teil tatsächlich!"

Von dieser Erkenntnis aus erarbeiten Sie mit Ihrem Team dann im zweiten Schritt, welche Maßnahmen notwendig werden, damit es nicht so passiert, wie in der paradoxen Frage formuliert.

5.5 Kartenabfrage als Auslöser für Aktionen

Sie können mit der Kartenabfrage auch eine neue Aktionsphase im Projekt einleiten. Gehen Sie dabei in folgenden Schritten vor:

1. Stellen Sie die Frage, die zu Ideen führen soll.

2. Sortieren Sie die gesammelten Karten sofort beim Anpinnen nach
   Themen.

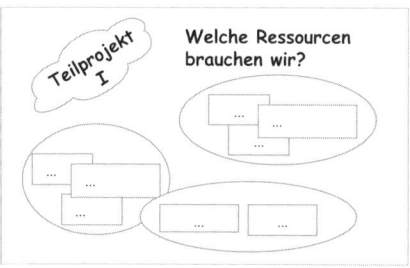

3. Listen Sie die Themen auf. Definieren Sie mit Ihren Mitarbeitern
   gegebenenfalls Maßnahmen dazu. Delegieren Sie die notwendigen Aktionen an Teammitglieder.

Thema	Maß-nahmen	Verant-wortlich	Bemer-kungen	Termin	OK

Machen Sie grundsätzlich nur eine einzige Person verantwortlich. Auch wenn Sie Aufgaben an Kleingruppen delegieren, wollen Sie später nicht zwischen den Betreffenden hin und herlaufen und sich die Teilstücke des Ergebnisses zusammenpuzzeln. Und schon gar nicht wollen Sie später hören: „Ich dachte, Kollege Müller macht das. Ich doch nicht!" Ein „Sprecher", der als Verantwortlicher in der Liste steht, wird sich auch darum kümmern, später nicht mit leeren Händen vor Ihnen stehen zu müssen. Er wird die Kollegen notfalls ermuntern, sich zu engagieren. Sie als Projektleiter können bei solchen „Sprechern" wunderbar feststellen, wer im weiteren Lauf des Projektes für die Übernahme von Teilprojekten geeignet ist. Damit bringen Sie zukünftige Führungskräfte ihren Karrierezielen näher.

 Rechnen Sie damit, dass manche Mitarbeiter grundsätzlich „auf den letzten Drükker" arbeiten. Wenn dann etwas schief geht, kommt es zu Terminverzögerungen. Fangen Sie solche vermeidbaren Pannen durch Zwischenkontrollen vor dem Endtermin auf. Sie sollten als Abgabetermin auch immer einen „Vor-Termin" festlegen. Das heißt: Die Ergebnisse müssen Ihnen etwas früher als fertig vorgelegt werden als Sie sie tatsächlich für die Weiterarbeit brauchen. Damit haben Sie für den Notfall einen Zeitpuffer.

 Vielleicht werden Aktionen notwendig, die von Zuständigen außerhalb Ihres Projektteams erledigt werden müssen. Tragen Sie dann in die Liste trotzdem eine Person aus Ihrem Team ein. Diese Person ist dann dafür verantwortlich, den Kontakt mit dem Zuständigen aufzunehmen und für die notwendigen Erledigungen zu sorgen.

Niemals sollten Sie es riskieren, den Namen von jemandem, der nicht am Workshop teilgenommen hat, in Ihrer Liste als verantwortlich für irgendwas zu notieren. Die meisten Menschen hassen es, wenn sie erfahren, dass man sie „hinter ihrem Rücken" ungefragt verplant hat. Den Ärger sollten Sie sich sparen.

5.6 Mindmapping als Visualisierungshilfe

Mindmapping ist auch eine gute Möglichkeit, kreative Prozesse zu fördern. Die Methode wurde von Tony Buzan entwickelt. Sie geht davon aus, dass das Gehirn besser arbeitet, wenn beide Hirnhälften aktiviert werden. Das soll durch die bildhafte Visualisierung passieren.

Sie haben mit einer Mindmap sofort eine strukturierte Übersicht über die gefundenen Ideen. Sie können von der Struktur her fast immer auch sofort Teilprojekte oder zusammenhängende Aufgabengebiete definieren und an Verantwortliche delegieren.

Beim Mindmapping gehen Sie wie folgt vor:

1. Sie schreiben das Thema oder ein Stichwort in die Mitte.

2. Vom Zentrum aus gehen Äste mit den zugehörigen Unterthemen oder wichtigsten Gliederungspunkten aus.

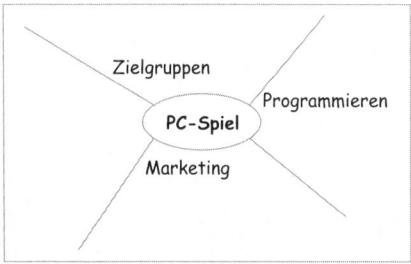

3. Im weiteren Detaillierungsprozess gehen von den Ästen immer feinere Zweige aus bis alle Ideen erfasst sind.

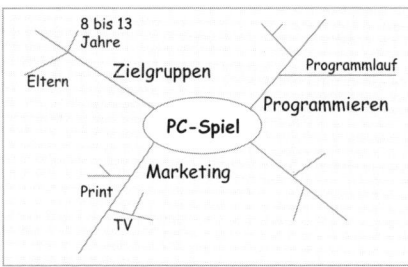

4. Anschließend können Sie zum Beispiel einen ganzen Ast oder einen dickeren Zweig als Aufgabe für die Weiterarbeit delegieren.

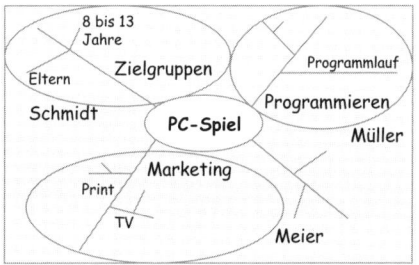

 Sie sollten darauf verzichten, Mindmaps für Präsentationen zu verwenden. Sie sehen für diejenigen, die nicht am Entstehungsprozess beteiligt waren, eher chaotisch oder verspielt aus. Nutzen Sie Mindmapping bei der Generierung von Ideen als Visualisierungshilfen, mehr nicht.

Wegen der Strukturierung kann irrigerweise bei Ihnen oder Ihren Mitarbeitern der Eindruck entstehen, Sie hätten einen guten Überblick über das Problem oder den Aufgabenkomplex. Vorsicht! Der Teufel kann im Detail stecken. Ihnen fehlen im Mindmap zum Beispiel zeitliche Abläufe. Ihnen fehlen auch Querverbindungen zwischen den Zweigen verschiedener Äste.

Sie sollten deshalb nach dem Erstellen des Mindmaps nicht auf konventionelle Pläne verzichten.

Der verführerische Eindruck, bereits den Überblick zu haben, entsteht bei Kartenabfragen nicht. Das kann da der Vorteil sein!

5.7 Methode 6-3-5 zur Ideenoptimierung

Die Methode 6-3-5 bezieht sich darauf, dass sechs Teilnehmer des Kreativworkshops jeweils drei mögliche Lösungen zu einem Problem oder Vorschläge zu einer Fragestellung entwickeln. Danach gibt jeder Teilnehmer dazu ergänzende Kommentare ab.

Die Technik wenden Sie wie folgt an:

1. Sie verteilen Formulare mit der Fragestellung.

Wie soll unser Slogan lauten?	

2. Jeder schreibt nun drei Ideen dazu auf.
3. Wenn alle fertig sind, gibt jeder den Zettel zum Sitznachbarn weiter.
4. Der Nachbar liest die drei Ideen durch und kommentiert und ergänzt sie.
5. Die Zettel gehen wieder einen Nachbarn weiter und so fort bis sie beim Urheber wieder angekommen sind.
6. Der Urheber der ersten drei Ideen liest die jeweils fünf Kommentare durch und überarbeitet gegebenenfalls noch einmal seine Ideen entsprechend.

7. Alle Ideen werden nun zusammengetragen und ausgewertet.

Sie können nun priorisieren lassen oder Kleingruppen beauftragen, die Vorschläge noch weiter zu bearbeiten.

Der Vorteil dieser Methode liegt darin, dass sich die Teilnehmer des Workshops nicht sofort auf eine Problemlösung festlegen und diese dann womöglich vehement verteidigen. Sie bleiben offen für verschiedene Möglichkeiten. Ein weiterer Vorteil liegt darin, dass jeder sich einmal intensiv mit allen Vorschlägen auseinandersetzen muss und dabei auch gleich vor Augen hat, was die anderen dazu meinen. Damit wird alles gründlich durchdacht und somit optimiert.

5.8 Vergessen Sie Ihre Einzeldenker nicht!

Nach dem „Vordenken" muss unbedingt auch das „Nachdenken" kommen. Lassen Sie sich nicht von der Begeisterung verführen, die bei spontanen Kreativprozessen entstehen kann. Es macht Spaß, sich in der Gruppe gegenseitig zu inspirieren und neue Ideen zu produzieren. Aber damit ist es für Ihr Projekt schließlich nicht getan. Viele Ideen sind zunächst noch zu unreif für eine Umsetzung. Andere zeigen sich bei gründlicher Betrachtung dann doch als ungeeignet. Wieder andere müssen erst noch verfeinert und zu Handlungskonzepten weiterentwickelt werden.

Sie werden feststellen, dass manche Ihrer Mitarbeiter großen Spaß am spontanen Kreativprozess haben, sich jedoch nicht so gerne mit den anschließend notwendigen Analysen und kritischen Betrachtungen befassen. Dafür macht anderen das Spontane nicht so viel Spaß. Es geht ihnen zu schnell und scheint ihnen zu oberflächlich zu sein. Sie möchten sich lieber in Ruhe auf bestimmte Aspekte des Themas konzentrieren und darüber nachdenken. Unter den Nachdenkern gibt es die Mitarbeiter, die sich am liebsten allein in die Sache versenken und diejenigen, die am liebsten mit einem oder zwei Kollegen noch einmal intensiv alles ausdiskutieren. Und nicht zuletzt brauchen manche Ihrer Fachleute auch noch die Zeit, eine Nacht darüber zu schlafen um am nächsten Tag über das nachzudenken, was das Unterbewusstsein zum Thema beigetragen hat.

Wegen der unterschiedlichen Vorlieben bei der Entwicklung oder Überarbeitung von Ideen könnte es passieren, dass sich Ihnen gegenüber der eine oder andere Ihrer Mitarbeiter gezielt als ausschließlicher Einzeldenker darstellt. Er hat keine Lust, bei den Gruppenprozessen mit Kreativtechniken im gemeinsamen Workshop mitzumachen. Darauf dürfen Sie sich nicht einlassen. Sie würden eine „Zwei-Klassen-Gesellschaft" oder eine „Elite-Bildung" im Team riskieren, wenn Sie einteilen zwischen denen, die in der Gruppe mit Kreativtechniken arbeiten und denen, die im stillen Kämmerlein allein das Nachdenken betreiben.

Lassen Sie grundsätzlich bei den Workshops alle gemeinsam mit den Kreativtechniken arbeiten. Wie die Ergebnisse danach einzeln oder in Kleingruppen weitergeführt werden, das sollte je nach Vorlieben und Fähigkeiten freigestellt sein.

Sie müssen eventuell bei einigen Ihrer Einzeldenker auch bewusst darauf achten, dass sie ihre Ergebnisse der Einzelarbeit streng am Projekt orientieren und pünktlich abliefern. Es kann sonst passieren, dass jemand lustvoll an einem Thema selbstverwirklicht und dabei die gemeinsamen Projektziele aus den Augen verliert. Diese Gefahr ist bei Einzeldenkern besonders groß. Von Ihnen muss die Botschaft klar sein: „Was immer wir hier tun und ob allein oder in der Gruppe, es muss dem Projekt dienen und uns den Zielen näher bringen."

Sie brauchen alles im Projekt: Spontane Kreativprozesse, gründliches Nachdenken, konzentrierte Einzelarbeit und den Austausch in Kleingruppen. Sorgen Sie dafür, dass Sie das auch bekommen!

Beauftragen Sie nach einem gemeinsamen Workshop mit Kartenabfrage, Mindmapping oder sonstigen Techniken immer Ihre Mitarbeiter mit Nacharbeiten an dem, was im Plenum entstanden ist. Lassen Sie dabei möglichst die freie Wahl zu, wer sich mit wem zu welchem Thema zusammentun will. Lassen Sie Ihre Einzeldenker gerne auch allein arbeiten. Das hat mit mangelnder Teamfähigkeit nichts zu tun! Teamfähigkeit zeichnet sich nicht dadurch aus, dass jemand stets alles mit Kollegen gemeinsam machen will. Teamfähigkeit im Projekt bedeutet, dass jeder nach eigenen Fähigkeiten aktiv am Gelingen des Projektes mitarbeitet. Ihre Einzeldenker sind wunderbare Teamworker, wenn sie allein an bestimmten Themen arbeiten und dann das Erarbeitete der Gruppe zur Verfügung stellen.

Sie können zum Beispiel die gesammelten Karten komplett oder nach Unterthemen sortiert zur Weiterverarbeitung mitgeben. Sie können auch die ursprüngliche Frage mitgeben, damit im Nachhinein zu den bereits gesammelten Karten noch weitere Ideen hinzukommen. Sie können das Bild des Mindmappings umarbeiten lassen in ein umsetzungsorientiertes Konzept. Sie können die Ergebnisse des 6-3-5-Prozesses teilen oder komplett zur Überarbeitung delegieren.

Eine weitere interessante Möglichkeit für die Einzeldenker ist das so genannte Collective Notebook. Das können Sie als Kladde in Papierform oder als Datei am PC anbieten. Dabei wird das Thema oder das Problem schriftlich formuliert. Anschließend haben alle Beteiligten die Möglichkeit, sich der Aufgabe in Ruhe zu widmen und ihre Vorschläge dazu aufzuschreiben.

Wenn Sie mit einer Kladde arbeiten, dann schreiben Sie vorne die Namen Ihrer Teammitglieder in der Reihenfolge auf, wie sie nacheinander daran arbeiten sollen. Gegebenenfalls kann das Heft auch zweimal die Runde machen. Der Vorteil bei der Kladde ist, dass Sie bestimmen können, in welcher Reihenfolge Ihre Mitarbeiter daran arbeiten. Sie wissen wahrscheinlich am besten, wer vermutlich welche Aspekte besonders gut berücksichtigt.

Wichtig ist, dass Sie unbedingt die Termine eintragen, wann das Heft an den nächsten Kollegen weiterzureichen ist. Wenn Sie das nicht schriftlich fixieren, können Sie sich später auf die Suche machen, bei wem es versackt ist!

Wenn Sie am PC das Collective Notebook anbieten, können die Mitarbeiter nach Belieben bis zu einem bestimmten Zeitpunkt parallel daran arbeiten und sich das Thema mehrmals vornehmen. Damit ist der Prozess kommunikativer, weil jeder sehen kann, was die anderen inzwischen beigetragen haben. Jeder kann sehen, wie die eigenen Beiträge aufgenommen und weitergeführt wurden. Dazu kann man dann selbst wieder etwas hinzufügen und so weiter. Zu einem bestimmten Termin wird das Buch geschlossen. Auch die bis dahin entstandenen Ergebnisse gehören dann in die Weiterverarbeitung durch Einzeldenker oder Kleingruppen.

 Nacharbeit durch Einzeldenker und Kleingruppen

▶ War die Fragestellung im Kreativprozess richtig?

▶ Haben die Beteiligten über die notwendigen Infos verfügt?

▶ Wurden die Interessen von abwesenden Betroffenen berücksichtigt?

▶ Welche Ideen kann man dazu auch noch generieren?

▶ Welche Infos müssen zusätzlich beschafft werden?

▶ Welche Chancen auf Akzeptanz haben die Ideen?

▶ Wie müsste man die Ideen umsetzen?

▶ Welche Risiken können damit verbunden sein?

▶ Welche Kosten und Aufwände sind damit verbunden?

▶ Worin unterscheiden sich die Ideen der Beteiligten?

▶ Was sind die Ursachen für unterschiedliche Denkansätze?

▶ Wie können die Ideen priorisiert werden?

▶ Welche Empfehlungen oder Warnungen sollten dazu ausgesprochen werden?

▶ Was muss im Projekt als nächstes getan werden?

Hüten Sie sich vor Perfektionismus in der Anwendung von Kreativitätstechniken. Die Techniken sind völlig unwichtig, deshalb dürfen sie auch falsch oder sehr vereinfacht angewendet werden. Wichtig ist, dass Sie und Ihr Team zu Ideen kommen.

Bevor Sie eine Technik anwenden, sollten Sie sie einmal mit Ihren Mitarbeitern an einem Beispiel durchspielen, das gar nichts mit dem Projekt zu tun hat. Damit sichern Sie ab, dass alle nach gemeinsamen Spielregeln vorgehen.

Beim Brainstorming mit Kartenabfrage sollten Sie bewusst auf Schnelligkeit achten. Vor allem die Zeiten, in denen Sie die Karten einsammeln und anpinnen, lassen die Teilnehmer Ihres Workshops in Passivität versinken. Langeweile kann die Stimmung für die Weiterarbeit verderben.

Sorgen Sie dafür, dass nach dem Anpinnen die Teilnehmer schnell wieder aktiv werden. Oft sind dann Arbeiten in Kleingruppen gut. Geben Sie jeweils thematisch sortierte Karten mit und beauftragen Sie die Gruppen, dazu etwas zu entwickeln.

Wenn Sie alle Teilnehmer zu allen Ideen diskutieren lassen, dann beteiligen sich womöglich von acht Anwesenden nur drei an dem Austausch. Die anderen versinken in Meeting-Trance.

Wenn Sie mit Ihrem Projekt im Kreuzfeuer unterschiedlicher und widersprüchlicher Anforderungen stehen, dann holen Sie sich Vertreter unterschiedlicher Parteien zu einem gemeinsamen Zielfindungsworkshop zusammen. Gehen Sie nicht zwischen den Parteien hin und her in dem vergeblichen Versuch, es jedem Recht zu machen.

Erarbeiten Sie in Ihrem Projekt gemeinsam mit Ihrem Team, welche Aufgaben zu erledigen sind und wer wofür die Verantwortung übernimmt. Qualifizierte Mitarbeiter wollen nicht nur Empfänger von delegierten Aufgaben sein, sie wollen selbst den Projektverlauf gestalten und sich die eigenen Aufgaben auch möglichst selbstständig zuteilen. Ein gutes Team macht das auch in fairer Weise so, dass jeder mit interessanten Aufgaben zum Zuge kommt. Sie als Projektleiter brauchen oft nur noch zu moderieren und zu koordinieren. Das ist Teamwork!

Das Mindmap ist eine Arbeitshilfe ausschließlich für den internen Projektgebrauch. Es hat in den Präsentationen für Außenstehende nichts zu suchen.

Verlassen Sie sich nicht auf die Kreativtechniken und die sprudelnden Ideen Ihrer kreativen Mitarbeiter allein. Sorgen Sie immer dafür, dass ausreichend Raum für gründliches Nachdenken und Analysieren, Optimieren und kritisches Betrachten gegeben ist. Fragen Sie Ihre Mitarbeiter: „Welche Technik bewährt sich für unsere Arbeit?" „Ist die Art, wie wir sie anwenden, förderlich?"

6 Nehmen Sie Ihre Ideen kritisch unter die Lupe

6.1 Vom Sammeln zur kritischen Betrachtung

Der Beginn eines Projektes ist davon geprägt, dass Sie mit Ihrem Team erst einmal sammeln. Sie beschaffen sich Informationen, Daten und Fakten um den Sachverhalt richtig zu durchschauen. Sie tragen die Erwartungen des Auftraggebers und die der Betroffenen zusammen. Sie generieren und sammeln Ideen für die Umsetzung des Projektes.

Die erste Phase Ihres Projektes ist somit eine Phase von Analyse und Zusammentragen, von kreativen Prozessen und Erforschen möglicher Problemlösungen. Sie werden unweigerlich mit Ihrem Team zu der Erkenntnis kommen, dass es mehrere Möglichkeiten zur Erreichung der Projektziele gibt. Sie werden erkennen, dass die Erwartungen von Auftraggeber und Betroffenen auf mehrere Arten erfüllbar sind.

Vergleichen Sie es mit privaten Projekten. Wenn Sie zum Beispiel beschließen, nicht mehr zur Miete, sondern in den eigenen vier Wänden zu wohnen, dann gehen Sie auch zunächst an das Sammeln und Analysieren. Sie informieren sich über Finanzierungsmöglichkeiten, stellen die Erwartungen der Familienangehörigen fest, erkunden die verschiedenen Stadtgebiete, hören sich bei Bekannten um, wie die es zu Wohneigentum gebracht haben und so weiter. Auf jeden Fall kommen Sie zu der Erkenntnis, dass es verschiedene Möglichkeiten gibt. Sie können ein eigenes Haus bauen. Sie können auch fertig kaufen. Es kann ein Einzelhaus sein, ein halbes Doppelhaus, ein Reihenhaus oder eine Wohnung. Sie können in Stadtnähe oder im Grünen wohnen. Sie können sich vielleicht auch eine Kombination von Stadtwohnung und Wochenendhaus auf dem Land vorstellen. Spontan mag Ihnen die eine Lösung besser gefallen als die andere.

Beim selbstgebauten Haus wird alles genau nach Ihren individuellen Vorstellungen sein. Bei der Wohnung haben Sie jedoch den Vorteil, dass sie wahrscheinlich billiger ist, und Sie haben die Bequemlichkeit einer Hausverwaltung, die sich um Reparaturen und Pflege kümmert. Das sollten Sie sich gründlich durch den Kopf gehen lassen. Sie werden die möglichen Varianten von Wohneigentum unter die Lupe nehmen und sich dann für die in Ihrem Sinne beste entscheiden.

Bei Projekten im Unternehmen ist es nicht anders. Wenn Sie zum Beispiel einen Außendienst aufbauen sollen, könnte es sich um eine eigene Organisationseinheit handeln. Sie könnten aber auch die Vertriebsfunktionen in die Bereiche integrieren. Oder soll mit einer externen Agentur gearbeitet werden? Wenn Sie zum Beispiel die IT-Technik modernisieren sollen, dann stellt sich die Frage, ob neue Systeme angeschafft oder das bestehende erneuert werden soll. Vielleicht braucht man gar keine eigene Technik? Man kann heute alles outsourcen oder mit einer Leasing-Firma arbeiten.

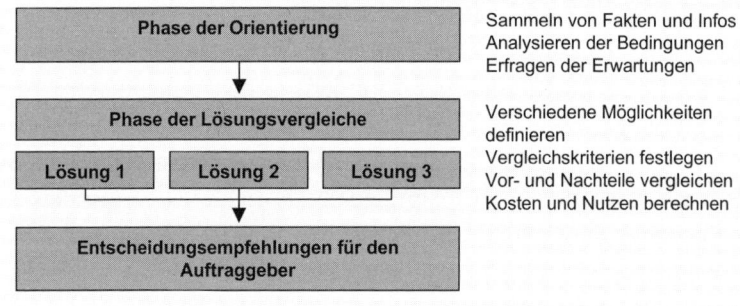

Bild 6.1: Unterschiedliche Projektphasen

Die Frage in jedem Projekt ist: Welche Lösungsmöglichkeit ist im konkreten Fall die beste? Jede hat ihre Vor- und Nachteile. Jede hat ihre eigenen Risiken und Chancen. Bei der Auswahl spielen aber nicht nur sachliche Erwägungen eine Rolle. Für jede der möglichen

Lösungsvarianten ist zu bedenken, welche Chancen sie hat, von Betroffenen akzeptiert zu werden.

 Betrachten verschiedener Lösungsmöglichkeiten

▶ Haben wir ausreichend verschiedene Lösungsmöglichkeiten erkannt?

▶ Kennen wir die Entscheidungskriterien des Auftraggebers?

▶ Kennen wir die Prioritäten von Auftraggeber und Betroffenen?

▶ Haben wir die Chancen und Risiken der Möglichkeiten richtig betrachtet?

▶ Können wir Vor- und Nachteile benennen?

▶ Ist unsere Entscheidungsempfehlung sinnvoll begründet?

Sie brauchen demnach kreativitätsfördernde Techniken, die Ihnen und Ihrem Team helfen, verschiedene Möglichkeiten aus verschiedenen Blickwinkeln zu betrachten. Damit erarbeiten Sie sinnvoll begründete Entscheidungsvorlagen für den Auftraggeber.

Es ist natürlich auch denkbar, dass Sie bei manchen Projekten sogar erst einmal die Grundlagen schaffen müssen, damit der Auftraggeber begründet entscheiden kann, ob das Projekt überhaupt durchgeführt werden soll oder nicht. Wichtig ist, dass nicht blinde Begeisterung für kreative Ideen den Auftrag trägt, sondern vernünftige Überlegung nach sorgfältiger Beleuchtung des Themas von verschiedenen Seiten.

6.2 Besetzen Sie drei Denkstühle

 Jedes Projekt aber auch innerhalb eines Projektes jede Lösungsmöglichkeit hat Chancen und Risiken. Es besteht die Gefahr, dass Optimisten zu sehr vom Geist des positiven Denkens beflügelt sind und nur noch die Chancen sehen. Sie laufen dann womöglich blind dem unterschätzten Desaster in die Arme. Pessimisten leben hingegen in der Furcht vor den Risiken und sehen nur noch lauernde Gefahren, Probleme und Hürden. Unschlüssige schwanken zwischen der Lust auf die Chancen und der Sorge vor möglichen Fehlschlägen. Sie können sich weder zur Tat, noch zum Verzicht auf das Vorhaben entschließen.

Sie werden vermutlich erleben, dass auch in Ihrem Team unterschiedliche Positionen bezogen werden. Der eine Mitarbeiter warnt vor den Risiken, der andere verdammt das „negative Denken" als demotivierend und verweist auf die tollen Chancen. Das wiederum hält der Risikoorientierte für „gefährlichen Leichtsinn". Ihr Problem als Projektleiter kann darin bestehen, dass beide Parteien sich immer fester in ihre Positionen vergraben. Jeder will den anderen überzeugen und kann dabei immer weniger den eigenen Standpunkt kritisch hinterfragen. Sie haben es dann schwer, zu einem vernünftigen Mittelweg zu kommen: Chancen nutzen und dafür in vertretbarem Rahmen Risiken eingehen. Risiken richtig einschätzen und möglichen Gefahren klug vorbeugen.

Die Methode mit den drei „Denkstühlen" geht auf Walt Disney zurück. Von ihm wird überliefert, dass er jedes seiner Projekte stets aus dem Blickwinkel verschiedener Rollen betrachtet hat:

Träumer

Als Träumer hat er seiner schöpferischen Phantasie Auslauf gegeben. Er hat witzige und spritzige Einfälle produziert und dabei die Grenzen des Machbaren einfach ignoriert.

Realist

Als Realist hat er die Ideen des Träumers aufgegriffen und überlegt, wie er sie zu marktfähigen Produkten, zu spannenden Stories oder erfolgreichen Strategien weiterentwickeln sollte.

Kritiker

Als Kritiker hat er schonungslos hinterfragt, ob es überhaupt sinnvoll ist, die Ideen umzusetzen. Er ist bis in Details gegangen und hat gestrichen, was überflüssig und geändert, was nicht perfekt war.

Walt Disney hat diese drei Rollen tatsächlich zunächst auf drei verschiedenen Stühlen eingenommen. Später hat er sich für jede der Rollen in einen eigenen Raum zurückgezogen.

Auf die physisch unterschiedlichen Standpunkte bei geistig unterschiedlichen Standpunkten kommt es an! Dadurch wird in der Tat das Denken gefördert. Probieren Sie es mit Ihrem Team aus!

Sie können wie folgt vorgehen:

1. Erklären Sie Ihren Mitarbeitern die drei „Denkstühle" nach dem Vorbild von Walt Disney.
2. Bilden Sie Kleingruppen von zwei bis maximal drei Personen.
3. Losen Sie aus, welche der Kleingruppen mit welchem der „Denkstühle" beginnt.
4. Geben Sie die Zeit vor, wie lange jeweils das Projekt auf einem der „Denkstühle" betrachtet wird.
5. Lassen Sie die Kleingruppen nach Ablauf der Zeitspanne zum nächsten „Denkstuhl" wechseln und anschließend zum dritten.
6. Nachdem jede der Kleingruppen das Projekt aus allen drei Blickwinkeln betrachtet hat, werden die Ergebnisse zusammengetragen.
7. Erarbeiten Sie mit dem Team auf der Basis der Ergebnisse Entscheidungsempfehlungen für den Auftraggeber oder Pläne für die Fortführung des Projektes.

Sie müssen nicht unbedingt einen „Denkstuhl" für die Rolle des Träumers besetzen. Sie können auch die Idealsicht beschreiben:

- Welche Chancen liegen in dem Projekt?
- Wenn alles perfekt läuft, welche Erfolge sind möglich?

Aus der Sicht des Realisten können die Fragen lauten:

- Was wird vermutlich die Konsequenz aus diesem Projekt sein?
- Wie werden wir mit hoher Sicherheit die Ziele erreichen?
- Was brauchen wir?
- Mit welchen Hilfen oder Hindernissen müssen wir rechnen?
- Was sollten wir entscheiden?
- Wie sollten wir vorgehen?

Aus Sicht des Kritikers kann gefragt werden:

• Was spricht gegen dieses Projekt?
• Wozu soll es eigentlich gut sein?
• Warum muss es so gemacht werden?
• Wem schadet die Sache vermutlich?
• Mit welchen Problemen und Kosten belasten wir uns dabei?
• Was ist daran überflüssig oder übertrieben?

 Nutzen Sie die suggestive Wirkung von unterschiedlichen Umgebungen. Für Ihre privaten Vorhaben können Sie ab sofort drei „Denkstühle" in Ihrer Wohnung definieren. Wenn Sie träumerisch oder visionär über mögliche Chancen und ideale Möglichkeiten nachdenken wollen, dann gehen Sie zum Beispiel grundsätzlich ins Cafe´. Nehmen Sie Papier und Bleistift mit, damit Sie Ihre Ideen sofort notieren können. Über Risiken denken Sie am Esstisch nach. Wenn Sie Ihre Umsetzungspläne entwikkeln, sitzen Sie am Schreibtisch. Sie werden merken, dass schon nach kurzer Zeit das Aufsuchen des gewohnten „Denkstuhls" Ihre Gedanken in die richtige Richtung lenkt. Es ist, als ob ein Schalter im Gehirn betätigt wird. Im Cafe´ fallen Ihnen tatsächlich die Chancen ein. Die Gedanken an mögliche Risiken durchkreuzen nicht ständig den kreativen Prozess. Dafür werden Sie am Schreibtisch sehr konzentriert an pragmatischen Plänen arbeiten können.

Mit der Methode der „Denkstühle" können Sie auch kritische Meetings vorbereiten. Lassen Sie Ihr Team der Reihe nach die Positionen der Parteien einnehmen, mit denen Sie zu diskutieren haben werden. So können Sie sich schon vorab anhören, mit welchen Argumenten und Widerständen die Kritiker kommen werden.

6.3 Lassen Sie Denkhüte tragen

Die Arbeit mit „Denkhüten" ist so ähnlich wie mit „Denkstühlen". Sie haben hierbei nicht nur drei, sondern sechs unterschiedliche Sichtweisen. Die Methode hat der Mediziner und Psychologe de Bono entwickelt. Er hat für die sechs „Hüte" folgende Farben vergeben:

• Weiß: neutrale Sicht auf das Thema. Es geht nur um Fakten, Daten und Beweise.

- Rot: emotionale Haltung. Gefühle und Intuitionen werden mit dem Thema verbunden.
- Schwarz: negative Einstellung. Mögliche Fehlerquellen, Widerstände, Ablehnung, Risiken werden berücksichtigt.
- Gelb: positive Einstellung. Vorteile, Chancen und Verbesserungsmöglichkeiten sind zu sehen.
- Grün: wachsen und fortpflanzen. Hier steckt die eigentliche Kreativität. Was lässt sich aus dem Thema noch machen? Wie kann man es weiterführen? Welche Dinge kann man auch noch einbeziehen?
- Blau: objektive Betrachtung aus der Distanz. Es geht um Ordnung und Überblick über das Ganze.

Der Träger des blauen Hutes steuert die Gruppenprozesse wenn die anderen „Hutträger" diskutieren. Er oder sie hat eine übergeordnete Sichtweise und will, dass jede der Meinungen und jeder Standpunkt ausreichend zur Geltung kommen. Er oder sie sorgt im Prozess für Ordnung, ruft zu weiteren Äußerungen auf, fasst zusammen und legt fest, wann es zu einem Hütetausch kommen soll.

Der Träger des blauen Hutes kann auch die Vogelperspektive einnehmen. Er oder sie hat persönlich gar keinen Standpunkt in der Sache, betrachtet sie jedoch unter dem Aspekt der Wirtschaftlichkeit, der Verträglichkeit mit anderen Projekten, aus der Sicht des Vorstandes oder ähnliches.

Markieren Sie durch Farben, wer im Moment welchen „Denkhut" trägt. Sie können in der Diskussionsrunde farbige Schildchen aufstellen oder Armbinden tragen lassen. Es ist sonst kompliziert für die Teilnehmer, sich immer zu merken, welcher der Kollegen gerade welche Sichtweise vertritt.

Beobachten Sie Ihre Teammitglieder, wenn sie der Reihe nach den blauen Hut tragen. Sie werden unweigerlich erkennen, wer sich als fähiger Koordinator und Moderator erweist. Das sind die Mitarbeiter, die Sie mit Teilprojekten beauftragen können. Unter dem blauen Hut erkennen Sie Führungsqualitäten!

Der erste Vorteil bei den „Denkhüten" besteht darin, dass die Beteiligten gezwungen werden, einen Sachverhalt mehrfach und dann aus verschiedenen Blickwinkeln heraus zu betrachten.

Der zweite Vorteil ist der, dass die Beteiligten unter dem „Schutz" einer bestimmten Farbe sich oft leichter tun, auch einmal die Dinge in die Diskussion zu werfen, bei denen sie sonst Kritik befürchten müssen. Ihre Mitarbeiter wissen sehr wohl, wie Ihr Standpunkt ist und welche Meinungen bei Ihnen gut ankommen und welche nicht. Mutige sagen trotzdem, was sie selber denken. Konfliktvermeider könnten Ihnen gegenüber taktieren und mit ihren wahren Meinungen hinter dem Berg halten. Dann fehlen Ihnen womöglich wichtige Aspekte des Problems! Wenn nun ein Mitarbeiter als Träger eines bestimmten „Denkhutes" etwas sagt, dann kann er sich notfalls darauf zurückziehen: „Ich bin das nicht. Das ist ja nur die Sicht aus diesem mir vorgeschriebenen Blickwinkel heraus."

 Wenn Sie ein großes Team leiten, können Sie parallel zwei Gruppen jeweils unabhängig voneinander mit den „Denkhüten" arbeiten lassen. Am Ende werden die Ergebnisse beider Gruppen präsentiert.

 Sie können auch Kleingruppen einsetzen, die jeweils allein arbeiten und alle zusammen die selbe Farbe tragen. Nach Ablauf der Arbeitszeit präsentieren die „Gelben", „Roten", „Weißen", „Schwarzen", „Grünen" und „Blauen" ihre Ergebnisse.

 Das Diskutieren in der Runde mit verteilten Rollen macht den Teilnehmern in der Regel großen Spaß. Es ist auch erstaunlich, wie schnell man sich mit einer vorgegebenen Rolle identifizieren kann. Manchmal kommt es dann zu derart leidenschaftlichen Wortwechseln, dass die Zeit völlig vergessen wird. Irgendwann dreht sich die Diskussion im Kreis. Es werden kaum noch neue Aspekte eingebracht. Statt dessen wiederholen die Teilnehmer beharrlich ihre ständig gleichen Argumente.

Der Träger des blauen „Hutes" muss dann eingreifen. Er oder sie sollte zum Beispiel am Flipchart festhalten, was der abschließende Standpunkt jeder Person in der aktuellen Rolle ist und dann die „Hüte" wechseln lassen.

Nach einer kleinen Pause geht dann mit jeweils neuem „Hut" auf dem Kopf die Diskussion wieder los. Der neue Träger des blauen „Hutes" kann entscheiden, ob die Ergebnisse der vorigen Runde weitergeführt oder erst einmal zurückgestellt werden sollen.

6.4 Arbeiten Sie mit verteilten Rollen

Das Schöne an der Projektarbeit ist, dass Sie mit Ihrem Team gemeinsam ein Ziel anstreben und zu einem Ergebnis kommen auf das Sie zusammen stolz sein können. Das Ärgerliche an der Projektarbeit kann sein, dass Betroffene Ihren Erfolg durch Widerstände gegen die Neuerungen und Änderungen torpedieren. Ein Risiko ergibt sich eventuell daraus, dass das Team sich abschottet gegen die „feindliche" Umwelt. Es kann zu dem Phänomen der „Bunkermentalität" kommen. Das Team in sich arbeitet harmonisch und hält fest zusammen. Leider wird zu wenig mit Außenstehenden und vor allen Dingen Betroffenen kommuniziert. Man unterscheidet zwischen „wir" und „die", geht jedoch vorsichtshalber so lange wie möglich der offenen Konfrontation aus dem Weg. So werden leicht auch Chancen auf Annäherungen verpasst.

Sie können die Gefahr unkluger Frontenbildung durch die Arbeit mit verteilten Rollen aufbrechen. Erstellen Sie zuerst mit Ihren Mitarbeitern eine Liste all der Personen und Parteien, die von Ihrem Projekt betroffen sind oder sich betroffen fühlen.

Im zweiten Schritt lassen Sie einzelne Mitarbeiter oder Kleingruppen in die Rollen der Betroffenen schlüpfen. Sie sollen aus deren Sicht die zu erwartenden Änderungen betrachten.

Wer ist/fühlt sich betroffen?	Wie wirkt sich das Projekt aus?	Mit welchen Problemen und Widerständen rechnen wir?

In Diskussionen und bei Workshops muss dann immer klar sein, welches Teammitglied gerade welche Rolle einnimmt und aus welchem Blickwinkel heraus argumentiert.

 Die Sicht der Betroffenen

▶ Wer erlebt durch unser Projekt eine Änderung?

▶ Wer zeigt bereits jetzt Widerstand gegen das Projekt?

▶ Wer könnte sich gegen das Projekt zusammenschließen?

▶ Welche praktischen Auswirkungen hat das Projekt auf die Arbeit oder das Leben der Betroffenen?

▶ Wer könnte sich degradiert oder in seinen Kompetenzen eingeschränkt fühlen?

▶ Welche lieben Gewohnheiten müssen die Betroffenen aufgeben?

▶ Was müssen sie neu lernen?

▶ Welche Befürchtungen könnten mit den Änderungen verbunden sein?

▶ Wie stehen Auftraggeber und Betroffene zueinander?

▶ In welcher Weise könnte Widerstand gegen uns geleistet werden?

▶ Was können wir tun, um Ängste und Ablehnungen zu mildern?

▶ Wie können wir uns den Betroffenen als kooperative und verständnisvolle Gesprächspartner zeigen?

▶ Was muss der Auftraggeber tun, damit unser Projekt nicht an Widerständen scheitert?

Entscheiden Sie mit Ihrem Team gemeinsam, ob es in Ihrem Fall sinnvoll ist, dauerhaft Rollen zu vergeben. Sie könnten zum Beispiel einen Ihrer Mitarbeiter oder mehrere von Anfang bis Ende des Projektes als Fürsprecher der Betroffenen festlegen. Der Fürsprecher wird dann im Verlauf der Arbeit immer darauf achten, dass die Interessen der Betroffenen berücksichtig werden. Der Fürsprecher kann auch als Ansprechpartner der Zielgruppe bekannt gemacht werden.

Vielleicht ist es aber auch sinnvoller, diese Rollen regelmäßig zu wechseln. Sie vermeiden durch Rollentausch unnötige Frontenbildungen innerhalb des Teams und sorgen dafür, dass sich jeder einmal in die Wahrnehmung der Betroffenen einfühlt.

6.5 Lösen Sie das Problem viermal

Mit einem neuen Projektauftrag kommen allen Beteiligten natürlich sofort Ideen, wie man die Ziele erreichen kann oder wie die Ziele selbst endgültig aussehen sollen. Dabei kann es passieren, dass man sich zu früh in eine Lieblingsidee hineinsteigert und die Augen vor möglichen anderen Varianten verschließt. Eine andere Gefahr ist die, dass man das ganze Vorhaben nur aus eigenem Blickwinkel oder nur aus dem einer Interessengruppe betrachtet.

Sie können die kreative breite Sicht auf das Projekt dadurch fördern, dass Sie sich und Ihre Mitarbeiter und vielleicht sogar auch den Auftraggeber zwingen, sich gedanklich mit vier Möglichkeiten zu befassen. Der erste kreative Akt besteht dann darin, überhaupt erst einmal auf vier unterschiedliche Blickwinkel zu kommen.

Beispiel

Ein Unternehmen wollte für zukünftige Messeauftritte eine Lounge in den Messestand integrieren. Zunächst wird wie üblich untersucht, wie groß die Lounge sein darf und sein muss. Es ist auch zu untersuchen, was sich in der Lounge abspielen soll. Sollen konferenzähnliche Besprechungen mit Geschäftspartnern stattfinden? Sollen zufällige Standbesucher zum Verweilen und Diskutieren eingeladen werden? Braucht man gemütliche Sitzecken, in denen parallel

mehrere Vertriebsleute ihre auch informellen Kontakte pflegen können? Muss es die Möglichkeit zu Produktdemos geben?

Wenn erst einmal klar ist, wozu die Lounge dienen soll, dann kann
man sich der Entwicklung von vier möglichen Varianten oder Blickwinkeln widmen. In diesem Unternehmen wurden vier Teilgruppen
des Projektteams beauftragt, jeweils unabhängig voneinander Konzepte zu erarbeiten. Dabei bekam jede Gruppe einen eigenen Auftrag mit auf den Weg:

• Sorgt dafür, dass unsere Lounge denen der Konkurrenten vergleichbar, aber viel ansprechender für Besucher ist.
• Entwickelt ein Ambiente, das die gediegene Tradition unseres Unternehmens vermittelt und Clubatmosphäre bietet.
• Stellt fest, was die Vertriebsleute wollen. Es ist schließlich in erster Linie deren Arbeitsplatz.
• Sorgt für eine moderne Einrichtung, die garantiert umweltfreund-
  lich ist und sich leicht von Messe zu Messe transportieren lässt.

Als alle Gruppen ihre Aufgaben erfüllt hatten, stellten sie den Kollegen ihre Ergebnisse vor. Drei Gruppen brachten umsetzbare Konzepte mit. Eine Gruppe konnte nicht mit einem Konzept aufwarten,
sondern mit einer sehr gründlichen Darstellung der Erwartungen
des Vertriebs und mit Prototypen von Angeboten verschiedener Stu-
dios, die solche Lounges einrichten.

Beispiel

Ein Verlag sucht für neue Bücher Titel im Brainstormingverfahren.
Dabei werden stets vier Anforderungen gestellt:

• Der Titel soll kühl und sachlich wirken.
• Der Titel soll reißerisch sein.
• Der Titel soll ein Geheimnis andeuten.
• Der Titel soll einprägsam sein.

Jeder Teilnehmer des Workshops wird aufgefordert, zu jeder der
vier Anforderungen mindestens drei Titelideen beizutragen.

Beispiel

Ein Unternehmen wollte ein System zum Wissensmanagement aufbauen. Ziel war es, Wissen der Mitarbeiter verfügbar zu machen und auch bei Kündigungen im Haus zu behalten. Bevor man sich auf ein Konzept zum System heranmachen wollte, beauftragte der Projektleiter vier Arbeitsgruppen:

- Wie muss das System aussehen, damit wir größtmöglichen Kundenservice garantieren und beste Unterstützung für die Marktbearbeitung bekommen?
- Wie muss das System aussehen, damit wir aus unseren Projekten und sonstigen Erfahrungen stets für die Zukunft lernen?
- Wie muss das System aussehen, damit wir mit unseren Produkten und unseren Unternehmensstrukturen innovativ bleiben und die Nase bei Marktveränderungen vorn behalten?
- Wieso funktioniert Wissensmanagement bei so vielen unserer Wettbewerber und anderen Unternehmen nicht? Bei wem funktioniert es doch? Wieso?

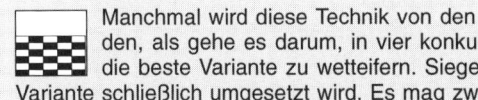

Manchmal wird diese Technik von den Teammitgliedern so verstanden, als gehe es darum, in vier konkurrierenden Mannschaften um die beste Variante zu wetteifern. Sieger ist dann die Gruppe, deren Variante schließlich umgesetzt wird. Es mag zwar Spaß machen, sportlichen Ehrgeiz im Wettstreit zu entwickeln, aber das ist nicht Sinn der Sache. Wettkampf könnte zu Einschränkungen der Kreativität oder zu Vertuschen von Negativem bei der eigenen Lösung führen.

Machen Sie Ihren Mitarbeitern klar, dass es darum geht, ein und dieselbe Sache aus vier Richtungen zu betrachten bevor man sich festlegt. Dabei kann die Festlegung auf eine der vier Varianten erfolgen oder aber auch auf eine ganz andere Idee, die sich erst ergibt, nachdem man die vier Blickwinkel einmal berücksichtigt hat.

Damit sich die Arbeitsgruppen nicht zu sehr mit ihren eigenen Konzepten identifizieren, können Sie nach Ablauf einer gewissen Arbeitszeit die Teams umbesetzen oder reihum die halbfertigen Ergebnisse zur Weiterbearbeitung weiterreichen lassen. Bei genügend Zeit können Sie auch jede Gruppe zu jedem der vier Blickwinkel ein Konzept entwickeln lassen. Dann sollten Sie jedoch unterschiedlich festlegen, welche Gruppe womit anfängt. Gruppe eins bearbeitet zum Beispiel zuerst Variante 1, dann 2, 3 und 4. Gruppe zwei fängt mit Variante 4 an und geht von dort zu 1,2 und 3. Gruppe drei fängt mit Variante 3 an und Gruppe vier mit Variante 2.

Sie werden sich wundern, welche Kreativität Sie bei sich selbst und Ihren Mitarbeitern freisetzen, wenn Sie es einmal mit dieser Vier-Varianten-Methode probieren!

6.6 Sammeln Sie Pros und Contras

Jede mögliche Problemlösung hat ihre Vor- und Nachteile. Dabei muss man allerdings bedenken, dass es oft nicht nur sachliche Gründe gibt, die für oder gegen eine Lösung oder eine Idee sprechen. Auch hierbei liegt die Schönheit oft im Auge des Betrachters.

Sie als Projektleiter stehen in der Verantwortung dem Auftraggeber gegenüber. Also ist der Auftraggeber Ihre wichtigste Instanz bei der Beurteilung, was für oder gegen eine bestimmte Lösung spricht. Sie und Ihre Fachleute im Team sind Berater des Auftraggebers aber nicht Entscheider.

Wenn Sie mit Ihrem Team Ideen erarbeitet haben, wie im Detail das Projektergebnis aussehen soll oder welche Lösungswege möglich sind, dann haben Sie wahrscheinlich bereits im Team die Pros und Contras aus Sicht der Fachleute diskutiert.

Setzen Sie sich dennoch mit dem Auftraggeber und Betroffenen zusammen und sammeln Sie aus deren Sicht ebenfalls Beurteilungskriterien. Fragen Sie:

- Nach welchen Kriterien sollen wir untersuchen und vergleichen?
- Welche Kriterien haben welche Wichtigkeit?
- Was sind KO-Kriterien?
- Welche Nachteile wollen Sie nicht in Kauf nehmen?
- Mit welchen Nachteilen könnten Sie sich notfalls arrangieren?

Anschließend betrachten Sie mit Ihren Mitarbeitern die Kriterien und sammeln diejenigen hinzu, die aus fachlicher Sicht auch noch wichtig sind, dem Laien jedoch nicht unbedingt klar sein müssen.

Vergleichen Sie es mit den Kriterien für ein Essen. Der Gast im Re-
staurant hat zum Beispiel folgende Kriterien:

- schmeckt mir gut,
- hat wenig Kalorien,
- kein Schweinefleisch,
- kostet unter dreißig Euro,
- ist mal etwas Neues für mich.

Neben diesen Kriterien ist es für den Gast vielleicht ein großer
Nachteil, wenn der Wirt leider sagen muss: „Da wir alles frisch zu-
bereiten, kann es etwas länger dauern." Die Zeit hat der Gast heute
nicht. Es muss heute schnell gehen.

Der Koch hat vielleicht aus seiner „Berufsehre" heraus auch noch
folgende Kriterien:

- nur aus frischen Zutaten,
- schonend wegen der Vitamine zubereitet,
- keine Geschmacksverstärker,
- passt in der Zusammenstellung der Speisen und Getränke perfekt.

Vergleichen Sie es mit den Kriterien für eine Software. Die Benutzer
am Bildschirm erwarten zum Beispiel:

- übersichtliche Masken,
- einfache Eingabe,
- direkte Sprünge möglich,
- wahlweise deutsche Hilfstexte,
- eingebautes Sicherheitssystem.

Die Entwickler der Software wollen auch noch berücksichtigt wissen:

- übersichtliche modulare Struktur für einfache Anpassungen,
- zuverlässiger Hersteller mit hoher Marktpräsenz,
- modernes System mit Offenheit für zukünftige Anforderungen,
- zertifizierte Qualität,

• Komplettsystem eines einzigen Herstellers,
• kompatibel mit bestehenden Komponenten

Vermitteln Sie unbedingt Ihren Mitarbeitern die Kriterien des Auf-traggebers und machen Sie deutlich, dass diese letztlich Vorrang vor den eigenen haben müssen. Das ist wie bei dem Spruch: „Wer be-zahlt, bestellt auch die Musik." Es darf nicht sein, dass Fachleute sich über die „Ahnungslosigkeit" des Auftraggebers mokieren und einfach ihre eigenen Kriterien für die wichtigeren erklären.

Umgekehrt erklären Sie bitte auch Ihrem Auftraggeber, welche Kri-terien aus fachlicher Sicht wichtig sind und warum. Sprechen Sie deutlich aus, was Sie und Ihre Mitarbeiter raten. Lassen Sie dann je-doch die Verantwortung beim Auftraggeber, sich zu entscheiden.

 Sammeln Sie die Kriterien im Brainstorming an der Pinnwand oder dem Flipchart und sortieren Sie sie dann den Kategorien „KO", „Wichtig", „Wenig wichtig", „Nice to have" zu. Sie können dann Punkte vergeben: Drei für wichtig, zwei für wenig wichtig und einen für nice to have. Sie können auch zählen, welche Lösungsvariante die meisten wichtigen Kriterien erfüllt und danach betrachten, welche und wie viele wenig wichtigen Kriterien fehlende wichtige ausgleichen.

Welche Kriterien sind wichtig	Wie wichtig sind die Kriterien?			
	KO	Wichtig	Wenig wichtig	Nice to have
Kosten deutsche Doku				
schnelles Installieren				

Vergessen Sie auf keinen Fall, neben den mehr oder weniger wichti-gen Pros auch die Contras zu betrachten! Es kann sein, dass eine be-stimmte Lösungsvariante Punktsieger im Vergleich der erfüllten Kri-terien wird, jedoch so große Nachteile birgt, dass sie trotzdem nicht geeignet ist.

Präsentation der Lösungsempfehlung

Begründen Sie Ihre Empfehlung für den Auftraggeber wie folgt:

▶ Diese Kriterien haben wir von Ihnen bekommen: ...

▶ Diese Kriterien haben wir aus fachlicher Sicht berücksichtigt: ...

▶ So haben wir die Kriterien gewichtet: ...

▶ Diese Lösungsvarianten haben wir untersucht: ...

▶ Dieses sind die Pros der Variante 1: ..., der Variante 2: ... usw.

▶ Dieses sind die Contras der Variante 1: ... usw.

▶ Diese weiteren Vorteile sehen wir bei Variante 1: ..., Variante 2: ... usw.

▶ Diese weiteren Nachteile sehen wir bei Variante 1: ... usw.

▶ Wir empfehlen Ihnen die Variante n, weil: ...

6.7 Testen Sie an der Zielgruppe

Wenn Ihr Projekt darin besteht, dass Sie ein neues Produkt oder eine neue Dienstleistung für eine bestimmte Zielgruppe entwickeln wollen, dann sind Sie vermutlich darum besorgt, die Sache erst einmal geheim zu halten. Sie wollen nicht, dass Ihnen die Konkurrenz die Idee vor der Nase wegschnappt und schneller damit an den Markt geht als Sie.

Auf der anderen Seite wollen Sie auch nicht scheitern, wie viele Gründer von Unternehmen des neuen Marktes oder wie so manche IT-Experten, die abgeschottet für sich allein Dinge entwickelt haben, die am Ende niemand kaufen wollte.

Sie müssen unbedingt zu einem sehr frühen Zeitpunkt kritisch prüfen, ob sich die Investition in Ihr Vorhaben überhaupt lohnt. Sie müssen unbedingt zu einem frühen Zeitpunkt die Ideen abschöpfen, die Ihre Zielgruppe mit dem verbindet, was Sie anbieten wollen.

Die wichtigsten Fragen dazu sind:

• Wer sind relevante Vertreter unserer Zielgruppe, an denen wir testen können?
• Wie wollen wir testen, ob unser Projektprodukt bei der Zielgruppe den erhofften Erfolg haben wird?
• Wie verhindern wir, dass unser Test zur unerwünschten Hilfe für mögliche Konkurrenten wird?
• Welche Fragen müssen wir der Zielgruppe stellen, damit wir die richtigen Auskünfte bekommen?

 Mögliche Fragen an die Zielgruppe

▶ Wie ist Ihr erster Eindruck von dem Produkt?

▶ Wie werden Sie das Produkt benutzen?

▶ Wie beurteilen Sie die Brauchbarkeit des Produktes?

▶ Kennen Sie ähnliche Produkte?

▶ Was gefällt Ihnen an anderen Produkten?

▶ Worin sehen Sie die wichtigsten Unterschiede zu unserem Produkt?

▶ Welche Erweiterungen oder Änderungen würden Sie sich wünschen?

▶ Wie sehen Sie bei einem Preis von ... Euro das Preis-Leistungs-Verhältnis?

▶ Wären Sie bereit, für die zusätzlichen Funktionen ... auch ... Euro zu bezahlen?

▶ Würden Sie dieses Produkt empfehlen? Warum (nicht)?

▶ Werden Sie das Produkt, wenn es fertig ist, kaufen? Warum (nicht)?

6.8 Greifen Sie die Ideen der Zielgruppe mit der Osborn-Checkliste auf

Der Test Ihres Projektproduktes an der Zielgruppe führt auf jeden Fall zu neuen Ideen. Vielleicht kennen Sie auch aus früheren Projekten die Erfahrung, dass Sie zu Beginn mit Auftraggeber und Betroffenen oder mit potenziellen Kunden eigentlich genau die Wünsche und Bedarfe besprochen haben. Und dann kommen viel später, wenn Sie mit der Arbeit schon weit fortgeschritten sind, noch tausend Wünsche und Änderungsanträge. Mancher Projektleiter möchte dann verzweifeln und fragt sich: „Wieso sagen einem die Leute nicht rechtzeitig, was sie letztlich haben wollen?"

Das können die Betroffenen oft gar nicht. Vor allem, wenn Sie mit Ihrem Projekt in einem technisch hoch entwickelten Bereich arbeiten, fehlt den zukünftigen Benutzern Ihres Produktes ganz einfach die notwendige Vorstellungskraft. Sie haben ganz zu Beginn noch kein Bild von dem, was auf sie zukommt und was es in der täglichen Praxis für sie bedeuten wird. Also fällt ihnen auch nicht genug zu der Frage ein, was sie sich dazu wünschen könnten. Andere Betroffene interessieren sich noch nicht für Dinge, die zu weit in der Zukunft liegen. Das führt dazu, dass sie bei ersten Erwartungsabfragen nicht so intensiv darüber nachdenken, wie es notwendig wäre. Erst später, wenn die Neuerungen durch das Projekt in greifbare Nähe rücken, machen sie sich Gedanken und wollen dann plötzlich diese Idee und jenen Vorschlag berücksichtigt wissen.

Jeder IT-Projektleiter kennt das Phänomen, dass das Projekt offensichtlich erst einmal recht weit fortgeschritten sein muss, bevor den Betroffenen einfällt, was sie wirklich wollen.

 Je weiter die Technik mit der Sie arbeiten von der Lebenserfahrung der Betroffenen entfernt ist, desto intensiver und häufiger sollten Sie den Kontakt mit denen pflegen, die Ihnen Ihr Produkt schließlich abnehmen sollen. Achten Sie auf jeden Fall darauf, dass Sie zum Zeitpunkt des Tests an der Zielgruppe noch ausreichend flexibel auf Änderungswünsche reagieren können. Machen Sie nicht zu viel fertig. Zeigen Sie Rohzustände, Prototypen und Provisorien. Machen Sie beim Test schon deutlich, wo noch Änderungen möglich sind und wo nicht mehr.

Wenn Sie an Ihrer Zielgruppe getestet haben, dann setzen Sie sich mit Ihrem Team zusammen und gehen einmal die Checkliste nach Osborn durch.

Alex Osborn, der Erfinder des Brainstormings, hat die Checkliste
für solche Problemlösungen entwickelt, die noch nicht voll zufrieden stellen. Man kann sie danach noch einmal kritisch unter die
Lupe nehmen und variieren.

Die Osborn-Checkliste beinhaltet zehn Stichworte:

1. Anders verwenden.
2. Nachahmen.
3. Ändern.
4. Vergrößern.
5. Verkleinern.
6. Ersetzen.
7. Umstellen.
8. Umkehren.
9. Kombinieren.
10. Transformieren.

Dazu werden in der Regel Fragen formuliert, die jeweils zum Projekt angepasst werden. Sinngemäß lauten die Fragen so ähnlich wie
die folgenden:

1. Kann man das Produkt oder diese Idee auch anders verwenden?
2. Gibt es etwas Ähnliches bereits irgendwo? Was können wird
   davon nachahmen?
3. Was lässt sich an der Sache ändern? Kann man andere Farben
   oder Materialen verwenden? Kann man andere Funktionen einbauen?
4. Wie kann man das Produkt vergrößern oder erweitern oder ver-
   vielfältigen? Kann man es veredeln und teurer machen?
5. Wie kann man das Produkt verkleinern, vereinfachen, auf
   Grundfunktionen reduzieren? Kann man eine Billigvariante oder
   eine Starterversion für Einsteiger herstellen?
6. Kann man das Produkt oder Teile davon ersetzen?
7. Kann man das Produkt oder Teile davon umstellen, in der Reihenfolge verändern, anders kombinieren?

8. Kann man auch das Gegenteil oder etwas Entgegengesetztes damit machen?

9. Kann man unser Produkt oder unsere Idee mit etwas anderem kombinieren? Lässt sich unser Produkt als Baustein bei einer anderen Sache verwenden?

10. Kann man es in seiner Materie verändern? Kann man es zusammendrücken, verflüssigen, durchlöchern oder sonstwie transformieren?

Wenn Sie sich einmal das Beispiel einer Software für eine Ferienanlage vorstellen, können Sie sich gut vorstellen, wie durch diese Fragen neue Ideen angeregt und geprüft werden. Die Arbeitsgruppe des betreffenden Projektes hatte zuvor einigen Touristen den Prototypen der Software vorgestellt. Mit den Anregungen der Zielgruppe vor Augen, kamen noch einige interessante Änderungen hinzu:

• Das System wurde zur Kontaktbörse für Touristen, die jemanden für gemeinsame Vorhaben suchten.

• Man konnte Flug- und sonstige Infos der Reiseleitung abfragen.

• Es wurden PC-Spiele angeschlossen, die vor allem die Kinder bei schlechtem Wetter unterhalten sollten.

• Es wurde eine Verbindung mit dem System der Verwaltung hergestellt. Dort wurden Anfragen und eventuelle Beschwerden möglich.

• Es wurde ergänzt durch einen Infoteil zur Kultur des Gastlandes.

• Es kam eine Funktion „Nachrichten des Tages" hinzu. Hier wurden täglich Presseberichte aus deutschen Tageszeitungen eingespeist. Diese waren nicht nur am PC verfügbar, sondern wurden ausgedruckt im Frühstücksraum ausgelegt.

Sie gehen in Ihrem Projekt am besten so vor: Nachdem Sie an Vertretern der Zielgruppe, an den Betroffenen, Ihr bisheriges Projektergebnis getestet haben, richten Sie zwei bis drei Arbeitsgruppen ein. Jede Gruppe widmet sich drei bis vier Fragen der Osborn-Checkliste und versucht, das geplante Produkt noch mehr zu verbessern. Dazu dienen die folgenden eigenen Fragen als Grundlage für die Ideenfindung:

- Wie können wir die Erwartungen der Zielgruppe noch besser erfüllen?
- Wie können wir die Qualität unseres Produktes noch mehr verbessern?
- Wie können wir die Zukunft unseres Produktes noch besser sichern?
- Wie können wir wirtschaftliche Aspekte noch besser berücksichtigen?
- Was wollen wir dem Auftraggeber an Änderungen, Erweiterungen oder Reduzierungen vorschlagen?

 Ganz besonders dann, wenn Sie ein internes Projekt leiten und Ihre Zielgruppe somit Ihre Kollegen im Unternehmen sind, sollten Sie es nach der Bearbeitung mit der Osborn-Checkliste noch einmal präsentieren. Bedenken Sie bitte, dass Ihre Zielgruppe nach dem Test womöglich davon ausgeht, dass Sie getreulich alle Verbesserungsvorschläge aufgreifen. Das können Sie jedoch vermutlich nicht. Auch wenn Sie von hundert Vorschlägen neunundneunzig einbauen, müssen Sie damit rechnen, dass am Ende anklagend nach dem hundertsten gefragt wird! Verhindern Sie solche Enttäuschungen. Sie gehen wie folgt vor:

1. Sie bearbeiten die Wünsche der Betroffenen nach der Osborn-Checkliste und erarbeiten daraus einen Vorschlag für Ihren Auftraggeber.
2. Sie einigen sich mit dem Auftraggeber, was nun konkret umgesetzt werden soll.
3. Sie präsentieren vor den Betroffenen. Die Präsentation gliedern Sie wie folgt:
   3.1. So war unser Produkt als wir es Ihnen zeigten: ...
   3.2. Diese Vorschläge kamen aus Ihren Reihen: ...
   3.3. Von Ihren Anregungen haben wir übernommen: ...
   3.4. Diese Anregungen konnten wir nicht aufgreifen: ...
   3.5. Die Gründe dafür sind: ...
   3.6. Das neue Produkt wird demnach so aussehen: ...
   3.7. Das bedeutet in der Praxis für Sie: ...
   3.8. So geht es in unserem Projekt nun weiter: ...
   3.9. Offene Diskussion.

6.9 Machen Sie eine Risikoanalyse

Sie haben bereits bei der Arbeit mit den „Denkstühlen" und den „Denkhüten" kritische Aspekte Ihres Projektes betrachtet. Sie sollten trotzdem noch einmal konsequent mit Ihrem Team Kreativität in die Risikoanalyse investieren.

 Unterscheiden Sie zwischen den Risiken für das Projekt und denen durch das Projekt. Es kann sinnvoll sein, dafür zwei Arbeitsgruppen zu bilden.

Bei den Risiken für das Projekt handelt es sich um solche, die Sie hindern könnten, wie vereinbart Ihre Ziele zu erreichen. Es sind die Risiken, die zu überhöhten Kosten, verzögerten Terminen oder verfehlten Erfolgskriterien führen.

Beispiele

- Wenn Ihr Projekt ausgerechnet während der besten Sommermonate stattfindet, kann es zu Verzögerungen kommen, weil Ihnen ständig wichtige Ansprechpartner oder Fachleute wegen Urlaubsabwesenheit fehlen.
- Wenn demnächst Betriebsratswahlen anstehen, könnten die Betriebsräte sich ausgerechnet Ihr Projekt als Feindbild aussuchen um die Stimmungen gegen den Vorstand und für die Wahlen anzuheizen.
- Wenn Ihre Teammitglieder gefragte Fachleute sind, könnten Sie in Engpässe geraten, wenn Mitarbeiter immer wieder aus dem Projekt abgezogen und für andere Einsätze gebraucht werden.
- Wenn Sie von pünktlichen Lieferungen eines externen Partners abhängig sind, könnte es passieren, dass der Lieferant eventuell andere Kunden für wichtiger hält und sich Ihnen gegenüber als unzuverlässig erweist.

Wegen solcher Risiken für Ihr Projekt müssen Sie immer mit ausreichenden zeitlichen und finanziellen Puffern planen. Denken Sie an die universelle Gültigkeit von Murphys Gesetzen: „Was schief gehen kann, geht auch schief. "

Bei den Risiken durch das Projekt handelt es sich um solche, die durch den Einsatz Ihres Produktes oder als Nebenerscheinung Ihrer Arbeit entstehen.

Beispiele

- Sie entwickeln neue Möglichkeiten für Ihre Kunden, online mit dem Unternehmen zu kommunizieren und schaffen dadurch eventuell Schlupflöcher für gefährliche Viren oder Hacker.
- In Ihrem Projekt werden Konzepte für betriebliche Reorganisationen erarbeitet. Falls interne Unterlagen über halb durchdachte Ideen und Gedankenmodelle durchsickern, könnte es zu Aufständen bei den Mitarbeitern und den Personalvertretern kommen.
- Ihr Projekt beschäftigt sich mit der Ausweitung des Geschäftes auf neue Partnerländer. Kann das zu Konflikten mit anderen Partnerländern führen?

Bezüglich der Risiken geht es um folgende Fragen:

- Was kann schief gehen?
- Welche Schäden können dabei entstehen?
- Auf wen und auf was wird es sich auswirken?
- Wie hoch ist die Wahrscheinlichkeit, dass es passiert?
- Was können wir tun, damit es nicht passiert?
- In welchem Verhältnis stehen Risiken und Chancen des Projektes?
- Was muss getan werden, damit die Schäden im Krisenfall gering bleiben?

Daraus muss sich die Entscheidung ableiten, ob das Projekt überhaupt durchgeführt werden soll. Falls zu große Risiken die Chancen nicht wettmachen, kann es sinnvoller sein, zu verzichten.

Falls das Projekt trotz der Risiken durchgeführt wird, dann stehen folgende Fragen zur Beantwortung an:

- Was tun wir vorbeugend, damit nichts passiert?
- Wie bereiten wir uns auf den Krisenfall vor?

• Woran merken wir möglichst frühzeitig, dass der Risikofall eintritt?

Da Krisen sich auch auf bisher Unbeteiligte und Ahnungslose auswirken können, müssen folgende Überlegungen angestellt werden:

• Wer ist von möglichen Krisen betroffen?
• Wer muss über die Risiken und die möglichen Gefahren wissen?
• Wie sichern wir ab, dass sich im Krisenfall die Betroffenen richtig verhalten?
• Wie schützen wir Betroffene?

Wenn eine Krise eingetreten ist, dann stehen drei Fragen im Vordergrund:

• Sofort ist zu klären: Was tun wir jetzt, damit der Schaden gering bleibt?
• Anschließend ist zu klären: Wie konnte es dazu kommen?
• Nach der Ursachenanalyse folgt: Wie hat sich unser Risiko- und Krisensystem bewährt?

Dann sind zwei Aufgaben zu bewältigen:

1. Es ist durch geeignete Maßnahmen zu verhindern, dass sich ein solches Problem wiederholt.
2. Das bisherige Programm für Risikovermeidung und Krisenbewältigung muss überarbeitet werden.

 Mögliche kritische Aspekte eines Projektes

Gehen Sie bei Ihrer Risikoanalyse folgende Aspekte durch:
▶ Ist Ihr Auftraggeber ein zuverlässiger und pünktlicher Partner?
▶ Können Sie sich auf die Verfügbarkeit Ihrer Teammitglieder verlassen?
▶ Werden Sie die notwendigen Ressourcen zuverlässig bekommen?
▶ Kennen Sie Ihre externen Partner und Lieferanten?
▶ Arbeiten Sie mit unbekannter Technik?
▶ Kennen Sie die Zielgruppe gut?

▶ Können sich politische oder sonstige gesellschaftliche Phänomene auswirken?

▶ Ist während Ihres Projektes mit technischen Neuerungen zu rechnen?

▶ Steht Ihr Projekt mit anderen Vorhaben in Konkurrenz um Ressourcen und Mitarbeiter?

▶ Wurden ähnliche Projekte bereits durchgeführt?

▶ Haben Sie ausreichend Erfahrung mit ähnlichen Projekten?

▶ Hat der Auftraggeber eine realistische Einstellung zu Chancen und Risiken?

▶ Hat Ihr Projekt Gegner?

6.10 Bionik und Bisoziation: Suchen Sie Vorbilder für Ihr Problem

Der Begriff „Bionik" ist aus „Biologie" und „Technik" gebildet. Diese Kreativmethode können Sie dann anwenden, wenn Sie technische Probleme zu lösen haben.

Beispiele

Es ist unmöglich, ein Lotusblatt nass zu machen. Jeder Tropfen perlt sofort ab und hinterlässt auch nicht die Spur von Feuchtigkeit. Das liegt an der Struktur der Oberfläche. Nach diesem Vorbild werden wasser- und schmutzabweisende Materialien hergestellt.

Das Prinzip der Kletten wurden für die Entwicklung des Klettverschlusses übernommen. Die Beschaffenheit der Hautoberfläche von Pinguinen regte die Techniker an, Ideen zur Verbesserung von U-Booten zu entwickeln. Die Art, wie sich Nervenzellen im Gehirn zur Weiterleitung von Informationen verbinden, wie sie Inhalte im Gedächtnis verankern oder auch wieder löschen, regt heute die Entwickler an, selbstlernende IT-Systeme zu konstruieren.

Aber auch Projekte in denen „menschliche Probleme" gelöst werden sollen, können durch Vorbilder aus der Natur kreativ angeregt werden.

In einem Konzern stellte sich nach der Fusion heraus, dass die Probleme des Zusammenwachsens der beiden Kulturen viel größer waren als erwartet. Der erhoffte Synergieeffekt wurde von den zum Teil offen und zum Teil verdeckt ausgetragenen Konflikten massiv torpediert. Appelle an die Mitarbeiter, doch offen für das Neue zu sein, vertrauensvoll mit den Kollegen des bisherigen Konkurrenten zusammenzuarbeiten, blieben ebenso wirkungslos wie übergreifende Workshops und Mediationen durch Merging-Berater.

Ein Projektteam suchte sich aus der Natur Vorbilder für „Fusionen". Man kam auf Beispiele wie:

* Zusammmenflüsse von Strömen,
* Aufeinanderprallen von Wetterfronten,
* Zusammenschieben von Erdmassen durch Gletscher,
* Vereinigung von verschiedenen Antilopenherden.

Das Projektteam betrachtete auch gegenteilige Phänomene, die zur Trennung oder Teilung führen:

* Ausschwärmende Bienenvölker,
* Abwanderungen von Teilgruppen bei zu großen Affenrudeln,
* Zellteilungen bei Amöben.

Jeweils wurde betrachtet, was überhaupt zu Zusammenführungen oder zu Trennungen führte. Waren es „freiwillige" Veränderungen oder durch Gewalteinwirkungen verursachte? Wie schnell oder langsam vermischten sich die Elemente? Gab es zum Beispiel in der Tierwelt vorher oder nachher Kämpfe?

Von dem, was an der Natur beobachtet wurde, konnten dann Denkmodelle abgeleitet werden: Fühlen sich unsere Mitarbeiter auch wie Geröllmassen, die gegen ihren Willen von mächtigen Gletschern zusammengepresst und verschoben werden? Wenn wir so mit den „Menschenmassen" umgehen, wie wirkt sich das individuell auf Engagement und Leistungsfähigkeit aus? Wie reiben sich die „Geröllteile" aneinander? Was wird dabei zerstört? Was entsteht nach Abtauen des Gletschers und in den verschobenen Massen an neuem Leben?

Wie ist es, wenn zwei Flüsse sich zu einem vereinigen? Wie lange brauchen die Wassermassen mit ihren unterschiedlichen Zusammensetzungen und Temperaturen, bis sie sich vermischt haben? Wie hängt die Schnelligkeit der Vermischung mit dem Gefälle und der Tiefe zusammen? Wie mischen sich die Tiere im Wasser?

Von den Vorbildern in der Natur angeregt, werden Ideen entwickelt, die sich auf das Fusionsproblem übertragen lassen. Es mag zwar auf den ersten Blick weit hergeholt wirken, kann jedoch zu sehr interessanten Betrachtungsweisen führen. Oft regt sich die Kreativität allein schon deshalb, weil man einmal aus einem ganz anderen Blickwinkel auf das zu lösende Problem schaut.

In einem anderen Projekt wurde untersucht, wie „Tierstaaten" funktionieren, wo jedes Individuum genau seine Aufgabe in einem „überindividuellen Massenorganismus" übernimmt. Das ist bei Ameisen oder Bienen der Fall. Die Tiere kennen keine Rangkämpfe oder Revierverteidigungen als Einzeltiere. Statt dessen tritt der ganze „Staat" wie ein Organismus mit einer gemeinsamen übergeordneten „Intelligenz" auf. Lassen sich daraus Parallelen zu einem System von Robotern ableiten, die zum Beispiel als „Staat" mit klaren Einzelaufgaben Operationen am offenen Herzen durchführen?

Wiederum in einem anderen Projekt wurden Techniken von Tieren beobachtet, die extrem weit springen oder Lasten schleppen, die viel schwerer sind als sie selbst. Welche Kräftemechanismen stecken dahinter?

Wenn Sie mit Ihren Mitarbeitern die Kreativtechnik Bionik anwenden wollen, müssen Sie und Ihr Team grundsätzliches Interesse an Naturphänomenen haben und auch über Wissen verfügen. Sie brauchen nicht unbedingt Biologen zu sein, aber Sie sollten schon so viel von der Natur verstehen, dass Sie wissen, wo Sie im Internet oder in der Fachliteratur Vorbilder für Ihr Problem finden können.

Vielleicht haben Sie und Ihre Mitarbeiter von Naturphänomenen zu wenig Ahnung? Probieren Sie es mit der Technik der Bisoziation.

Der Schriftsteller und Philosoph Arthur Koestler hat damit gearbeitet. Die Technik wird auch in Unternehmen angewendet und kann durchaus für Sie interessant sein. Sie funktioniert genau wie die Bionik, beschränkt sich jedoch nicht auf die Natur.

Die Bisoziation will durch eine zweite Dimension oder ein zweites Sachgebiet Denkblockaden überwinden, neue Blickwinkel öffnen.

Das bedeutet für Sie, dass Sie sich nicht auf die Natur beschränken, wenn Sie Vorbilder suchen, sondern sich jedes beliebige andere Sachgebiet vornehmen können.

Das obige Projekt zur Fusionierung kann zum Beispiel folgende andere Sachgebiete betrachten:

- Politik: Wie finden Vielvölkerstaaten zusammen?
  Wie konnten die verschiedenen Völker auf deutschem Boden in der Geschichte sich so vereinigen, dass zwar kulturelle Unterschiede zwischen Bayern, Rheinländern, Friesen und so weiter erhalten blieben, jedoch Bürgerkriege inzwischen undenkbar sind? Wieso ist das im ehemaligen Jugoslawien nicht gelungen?
- Schule: Wie funktioniert das System von festen Klassen, leistungsbezogenen Kursen und freien Arbeitskreisen?
  Wo können die Schüler am besten zu guten Leistungen kommen? Was brauchen sie für ihre Geborgenheit in der Gruppe? Was führt zu Frust und Abneigung gegen die Schule als Institution? Welche Folgen haben Desorientierung durch soziale Veränderungen?

Sie gehen mit Ihrem Team am besten in folgenden Schritten vor:

1. Definition des Problems
   - Zu was suchen wir eine Lösung?
   - Was sind die Merkmale unseres Problems?
2. Festlegen der zweiten Denkdimension
   - Welche Sachgebiete kennen wir gut?
   - In welchen sind ähnliche Probleme zu finden?
3. Erkennen der Parallelen
   Lassen Sie kleine Gruppen von zwei bis vier Mitarbeitern unab-

hängig voneinander nach Beispielen und Analogien zu Ihrem Problem suchen.
– Was ist daran ähnlich?
– Wie wirkt es sich aus?
– Wie wird in dem Sachgebiet ein solches Problem gelöst?
– Was führt in dem Sachgebiet zu Verschlechterungen der Lage?
4. Transfer auf das eigene Problem
– Wo sind die Phänomene des anderen Sachgebietes unserem Problem ähnlich?
– Was können wir an Anregungen übernehmen?

Lassen Sie jede der Arbeitsgruppen präsentieren. Erarbeiten Sie dann mit dem gesamten Team einen Lösungsansatz für Ihr Projekt.

Bionik und Bisoziation sind kaum geeignet, wenn Sie in Ihrem Projekt unter Zeitdruck zu Ergebnissen kommen müssen. Zuerst kann es lange dauern, bis Ihre Mitarbeiter innere Denkhürden überwunden haben und überhaupt auf Ideen kommen, wo es zwischen Ihrem Sachgebiet und einem anderen Parallelen geben könnte. Danach vergeht manchmal viel Zeit, wenn Perfektionisten in Ihrem Team zu intensiv das Vorbild aus dem anderen Sachgebiet erforschen und zu genau analysieren, was ähnlich ist und was nicht. Wenn dann der kreative Prozess so richtig in Schwung kommt, stehen Sie am Ende mit tausend tollen Ideen da von denen vielleicht nur eine brauchbar ist. Aber: Welche?

Setzen Sie die Techniken Bionik und Bisoziation ein, wenn Sie ein Forschungs- und Entwicklungsprojekt ohne festen Endtermin leiten und wenn Ihre Mitarbeiter die Techniken sicher beherrschen. Ansonsten verzichten Sie im Interesse der pünktlichen Zielerreichung lieber darauf.

6.11 Synektik: Verfremden Sie das Problem

Die Kreativtechnik Synektik wurde in den sechziger Jahren von dem Amerikaner William Gordon entwickelt. Ziel ist es, durch Verfremdung des zu lösenden Problems das Denken zu erweitern und neue Ideen zu generieren. Sie arbeiten damit ähnlich wie bei der Bionik oder der Bisoziation. Allerdings steigern Sie die Verfremdung. Sie suchen nicht nur in einem anderen Sachgebiet nach Analogien, sondern gehen in drei bis vier Schritten sehr weit weg vom eigentlichen Thema.

 Wenden Sie die Technik der Synektik erst an, wenn Ihre Mitarbeiter bereits einige Male erfolgreich mit Bionik oder Bisoziation gearbeitet haben. Das Team muss bereits die Erfahrung gemacht haben, dass es durch Verfremdung und Analogien tatsächlich auf Ideen kommt. Ansonsten wird man sich entweder gegen das Vorgehen nach der Synektik wehren oder ganz einfach das Prinzip leider nicht verstehen.

Beispiel: Ihr Projekt soll die Bindung von Kunden an das Unternehmen fördern.

Gehen Sie in folgenden Schritten vor:

1. Formulieren des Problems
   Wie können wir verhindern, dass die Kunden abwandern?

2. Brainstorming
   Treueprämien, persönliche Berater, regelmäßige Kontaktaufnahme, Bindung durch „Elite-Bildung", Club-Karte ...

3. Neuformulierung des Problems
   Wie sorgen wir dafür, dass sich unsere Kunden weniger als Konsumenten unserer Produkte sehen, sondern „Mitgliedschaft" bei uns suchen?

4. Verfremdung durch Bisoziation
   Schäferhunde halten ihre Herden durch Jagen und Beißen zusammen, Vereine binden durch gemeinsame Rituale und regelmäßige Treffen, Golfclubs schaffen durch hohe Einstiegsgebühren ein Elitebewusstsein.

5. Verfremdung durch „persönliche Analogie"
   Wie fühle ich mich als Schaf, das vom gefährlichen Hund in der Herde gehalten wird?
   Wie müsste ein Verein oder eine andere Organisation sein, damit ich Lust hätte, dazuzugehören?

Was könnte mich veranlassen, die Gebühr für die Mitgliedschaft im Golfclub zu bezahlen?

6. Verfremdung durch „symbolische Analogie"
   Gefangen in Geborgenheit, Nestwärme durch Tradition, Status und Stil.

7. Verfremdung durch zweite Bisoziation
   Überfürsorgliche Eltern schirmen ihre Kinder vor unerwünschten Einflüssen ab. Gurus binden Anhänger durch blendendes Charisma und strenge Lebensregeln. Ratten erkennen am Geruch ihre Clanangehörigen und sorgen für den „richtigen" Geruch ihrer Kinder.

8. Analyse der Analogien
   Bedrohung und Angst hindert Schafe am Weglaufen. Angst, innere Leere und Einsamkeit treibt Anhänger zu charismatischen Gurus. Das Gefühl, zur Oberschicht zu gehören, es „zu etwas gebracht zu haben", lässt Menschen hohe Einstiegsgebühren für Golfclubs zahlen. Manche treten in den Golfclub ein, weil sie dort wichtige Geschäftspartner oder wohlhabende Heiratskandidaten suchen wollen.

9. Force Fit – erzwungene Einigung
   Was bedeutet das für unser Problem? Wollen wir Druck auf unsere Kunden ausüben? Können wir wie Gurus seelische Mängel ausgleichen? Haben wir Menschen mit Elitebewusstsein etwas zu bieten? Können wir wie fürsorgliche Eltern unsere Kunden vor den Verlockungen der Konkurrenz abschirmen? Gibt es für uns Möglichkeiten, „Duftmarken" in der Zielgruppe zu setzen?
   An dieser Stelle werden die Mitarbeiter gezwungen, sich auf brauchbare Ideen für das eigene Projekt zu einigen. Der Zwang kann als unangenehm empfunden werden, gehört jedoch zum kreativen Prozess dazu. Jetzt sollte auch ein fester Zeitrahmen bis wann Ideen vorliegen müssen, den Druck erhöhen.

10. Formulieren von Lösungsansätzen
    Ausgehend von den erzwungenen Ideen werden nun konkrete
    Lösungsansätze für das Projekt entwickelt:
    – So werden wir unser Problem lösen: ...
    – So setzen wir die Idee um: ...

 Bevor Sie diese Technik einführen, sollten Sie sie einmal an einem Beispiel ausprobieren, das gar nichts mit Ihrem Projekt zu tun hat, Spaß macht und mit hoher Wahrscheinlichkeit zu Ideen führt. Planen Sie damit zum Beispiel ein tolles Projektevent. Es kann eine Party werden, ein gemeinsamer Ausflug oder ...

 Die „Denkstühle" sollen eine zu einseitige Betrachtung Ihres Projektes oder eines Problems darin verhindern. Deshalb ist es wichtig, dass niemand auf Dauer im Projekt die Rolle des Kritikers oder des Träumers oder Realisten einnimmt. Jeder Mitarbeiter muss sich auf jedem der „Denkstühle" niederlassen und so von den verschiedenen Blickwinkeln die Sache unter die Lupe nehmen. Fördern Sie den Prozess durch feste Plätze, die als „Denkstühle" markiert sind.

Sorgen Sie dafür, dass sich keines Ihrer Teammitglieder dauerhaft in einen bestimmten Standpunkt vergräbt. Sorgen Sie dafür, dass jeder das Projekt oder bestimmte Themen darin aus unterschiedlichen Blickwinkeln betrachtet. Zwingen Sie dann zu Diskussionen in denen die verschiedenen Standpunkte vertreten werden müssen.

Ihr Projekt steht nicht im luftleeren Raum. Wenn es etwas nutzen soll, dann wird es auch etwas ändern. Egal, wie nützlich die Änderungen sein werden, es wird mit hoher Wahrscheinlichkeit Betroffene geben, die diese Änderungen nicht mögen. Je früher Sie mit Ihren Mitarbeitern sich bewusst auf mögliche Widerstände einstellen, desto klüger können Sie ihnen begegnen. Je offener Sie und Ihre Mitarbeiter für die Sichtweisen der Widerständigen sind, desto verständnisvoller können Sie die wahrgenommenen Härten durch die Änderungen abfedern.

Gehen Sie bei der Vier-Varianten-Methode am besten wie folgt vor:
1. Erklären Sie den Mitarbeitern das Prinzip des viermaligen Lösens des Problems.
2. Klären Sie vorab die grundlegenden Fragen, wozu das Projektergebnis gebraucht wird und welche Bedingungen demnach erfüllt sein müssen.
3. Finden Sie mit dem ganzen Team die vier Blickwinkel oder Ansatzpunkte unter denen das Problem einmal konzeptionell gelöst werden soll.

4. Teilen Sie vier Arbeitsgruppen ein, die unabhängig voneinander jeweils eine Variante komplett durchdenken und dazu ein Konzept entwickeln.
5. Lassen Sie die vier Gruppen präsentieren und jeweils die Vor- und Nachteile und Besonderheiten der Varianten diskutieren.
6. Leiten Sie mit dem gesamten Team die endgültige Problemlösung für das Projekt ab.

Gehen Sie beim Sammeln von Pros und Contras am besten wie folgt vor:

1. Sammeln Sie mit dem Auftraggeber die Kriterien, die ihm wichtig sind.
2. Sammeln Sie mit dem Team die fachlich wichtigen Kriterien.
3. Erstellen Sie eine Liste alle Kriterien und gewichten Sie sie nach „KO" (Wenn das nicht erfüllt ist, ist diese Lösung unbrauchbar.), „Wichtig" (Sollte dringend erfüllt sein.), „Wenig wichtig" (Kann notfalls fehlen.), „Nice to have" (Wenn es dabei ist, ist es schön. Wenn es nicht dabei ist, ist es auch in Ordnung.)
4. Vergleichen Sie Ihre Lösungsvarianten oder Ideen nach den Kriterien.
5. Stellen Sie für jede Variante oder Idee auch die Contras zusammen.
6. Präsentieren Sie dem Auftraggeber Ihre begründete Empfehlung.

Sichern Sie den Erfolg Ihrer Arbeit durch rechtzeitiges Vergewissern, dass das, was Sie in Ihrem Projekt herstellen, nicht nur Ihnen selbst, sondern auch den vorgesehenen Abnehmern gefällt. Stellen Sie dazu keine Vermutungen an, sondern zeigen Sie der Zielgruppe, was Sie demnächst anbieten werden, und fragen Sie, ob es so angenommen wird und ob weitere Wünsche berücksichtigt werden sollen.

Ganz besonders dann, wenn Sie ein internes Projekt leiten, dessen Ergebnis auf Kollegen anderer Bereiche Auswirkungen hat, müssen Sie deutlich Ihre Kommunikationsbereitschaft zeigen. Befragen Sie die Betroffenen und informieren Sie sie, was Sie an Anregungen übernehmen können und was – aus welchen Gründen – leider nicht.

Die Akzeptanz Ihres Projektes hängt entscheidend davon ab, dass Sie den Betroffenen das Gefühl geben, sie mitwirken zu lassen. Fördern Sie auch bei Ihren Teammitgliedern eine positive Haltung zu dieser Form der internen Kundenorientierung.

Es ist Ihre Pflicht als Projektleiter, mögliche Risiken für und durch das Projekt zu erkennen und entsprechend vorbeugende Maßnahmen zu ergreifen. Die Verantwortung ruht jedoch nicht allein auf Ihren Schultern. Der Auftraggeber muss – von Ihnen beraten – die Risiken ebenfalls sehen und von seiner Seite her aktiv etwas tun, damit nichts passiert und das Notwendige veranlassen, damit im Risikofall die Schäden gering gehalten werden. Bei den Risiken liegt die letzte Verantwortung beim Auftraggeber. Das muss er wissen!

Weiten Sie Ihren Blick und lösen Sie Denkblockaden durch Betrachtung ähnlicher Phänomene in völlig anderen Sachgebieten. Fast alle Probleme, die Sie in Ihrem Projekt haben, gibt es so oder ähnlich woanders auch. Lassen Sie sich durch Vorbilder anregen.

Merke: Kreativ geklaut ist oft besser als selbst erfunden!

Die Synektik kann zu interessanten Ideen in Ihrem Projekt führen. Sie sollte jedoch nur dann angewendet werden, wenn die Mitarbeiter bereits die einfacheren Techniken Bisoziation und Bionik als kreativitätsfördernd erlebt haben. Ansonsten ist es zu „abwegig" und könnte mehr Widerstand als Geistesblitze bewirken.

7 Führen Sie Ihr Projekt kreativ zum Ziel

7.1 Auf zielstrebige Projektmeetings und Workshops kommt es an

Es gibt natürlich noch sehr viel mehr Kreativitätstechniken als angeführt. Mit hoher Wahrscheinlichkeit werden Sie jedoch in Ihrem Projekt mit denen auskommen, die hier beschrieben sind. Wenn Sie regelmäßig in Innovationsteams mitarbeiten oder Mitglied eines Think Tanks sind, dann sollten Sie sich unbedingt mit weiteren und anspruchsvolleren Techniken vertraut machen.

Im normalen Projekt geht es jedoch nicht um die Produktion möglichst vieler möglichst ausgefallener Ideen. Sie haben als Projektleiter die Aufgabe, mit Ihrem Team ganz bestimmte Ziele zu einem festgelegten Termin im Rahmen eines Budgets zu erreichen. Außerdem müssen Sie Widerstände überwinden und sich bei Engpässen zu helfen wissen. Die Ideen, die Sie dazu brauchen, finden Sie auf jeden Fall mit Hilfe der hier beschriebenen relativ einfachen Kreativtechniken. Wichtig ist, dass Sie engagierte, neugierige und geistig flexible Fachleute um sich haben. Wichtig ist auch, dass Sie sich von den Mitarbeitern beraten und inspirieren lassen, die zum Sachverhalt mehr wissen als Sie oder vor Ihnen mit Geistesblitzen gesegnet sind.

Es ist nicht notwendig, dass Sie als Projektleiter der beste Fachprofi sind oder der beste Moderator von Kreativworkshops. Es kommt vielmehr darauf an, dass Sie als Projektleiter kreative und engagierte Leute an sich binden und mit ihnen unter Anwendung geeigneter Techniken zum Ziel kommen.

Sie können gerne Ihre Mitarbeiter beauftragen, sich doch individuell mit weiteren Kreativtechniken vertraut zu machen und zu prüfen, welche für das Projekt geeignet sind. Sie sollten jedoch nicht mit den Kreativtechniken übertreiben. Solche, die so kompliziert sind, dass es mehrere Versuche braucht, bis jeder Teilnehmer des

Workshops sie überhaupt begriffen hat, sind für Ihr Projekt ungeeignet. Wenn eine komplizierte Technik zu viel Konzentration bei der korrekten Anwendung erfordert, kann das Gehirn unmöglich auch noch Ideen im Sinne des Projektzieles produzieren.

Die hier beschriebenen Techniken sind allerdings das Minimum für kreative Projekte. Diese Techniken sollten Sie sicher beherrschen und mit Ihren Mitarbeitern anwenden. So kommen Sie zu effektiven Meetings und Workshops mit brauchbaren Ergebnissen.

Oft werden in Projekten endlose Besprechungen abgehalten in denen endlos herumdiskutiert wird. Am Ende muss jemand ein Protokoll schreiben das keinen interessiert, und im übrigen wird ein neuer Termin vereinbart weil vieles immer noch nicht abschließend diskutiert und festgelegt werden konnte.

Vermutlich kennen Sie auch solche Projekte in denen zu Beginn lähmende Meetings womöglich mit „open end" auch den Zähesten die Lust geraubt haben, überhaupt noch mitzumachen. Dafür bricht dann gegen Ende des Projektes die Panik aus. Der Termin rückt näher, viel zu wenig von der Arbeit ist fertig. Unerwartete Probleme werfen das Team im Plan zurück und jede kleine Panne steigert den Stress. Viele Projekte fangen lustvoll an, gehen in eine Phase öder Langeweile über und hören unter hektischem Chaos auf.

Mit hoher Wahrscheinlichkeit wird kostbare Arbeitszeit in ergebnisarmen Meetings vergeudet, wenn gleich zu Beginn Raum für Diskussionen gegeben wird. Danach ist es fast nie mehr möglich, doch noch zur Anwendung einer Kreativtechnik über zu gehen. Machen Sie es deshalb bitte umgekehrt:

1. Kreativtechnik zum Sammeln und Produzieren von Ideen
2. Diskutieren über die Ideen
3. Entscheidungen, was umgesetzt werden soll
4. Delegieren, wer was bis wann in welcher Qualität macht

Bedenken Sie bitte, dass in den ersten beiden Meetings die Weichen für den gemeinsamen Arbeitsstil gelegt werden. Bedenken Sie bitte auch, dass die Teammitglieder, die durch Monologisieren, Diskutierwut, oder andere Trödeltechniken Ergebnisse verhindern, am Ende diejenigen sind, die Ihnen besonders heftig vorwerfen, Sie hätten es nicht geschafft, effiziente Meetings zu leiten.

Sie sollten unbedingt bei den ersten beiden Projektmeetings straff moderieren. Damit machen Sie Ihren Führungsanspruch deutlich und zeigen, dass Sie die notwendige Autorität besitzen, sich gegenüber Zeitvergeudern durchzusetzen. Sie prägen mit der straffen Moderation der ersten beiden Meetings den zügigen Leistungsstil der Projektarbeit. Damit kommt das Team schnell zu ersten Ergebnissen und motiviert sich selbst durch Stolz auf bereits sichtbare Erfolge.

Locker die Zügel schleifen lassen, können Sie später, wenn alle Mitarbeiter engagiert in Richtung Projektziel marschieren, immer noch. Machen Sie nicht den Fehler vieler Projektleiter, die von der Angst geknebelt sind, man könne sie für „autoritär" halten, wenn sie streng auf die Einhaltung der Tagesordnung achten und Endlosdiskussionen oder Monologe abbrechen.

 Seien Sie bei den ersten beiden Meetings sehr pingelig mit den Zeiten. Fangen Sie auf die Minute genau an. Warten Sie nicht auf Nachzügler. Jede Minute, die Sie warten, lässt bei zukünftigen Meetings die Bummler noch später kommen und die Pünktlichen auch zu Bummelanten werden. „Open end" darf es auch nicht geben. Auf die Minute genau ist die Veranstaltung beendet. Notfalls wird halt kein Ergebnis erreicht. Intelligente Menschen ärgern sich über ergebnislose Meetings. Sie werden vielleicht grummeln, wenn Sie die Veranstaltung pünktlich abbrechen. Aber beim nächsten Mal werden sie sich disziplinierter verhalten und auch untereinander die Bremser zur Ordnung rufen.

Wenn Sie bewusst „autoritär" die ersten beiden Meetings führen, werden Sie ab dem nächsten und übernächsten erleben, wie man Sie liebt und bewundert für die tollen Erfolge, die Sie allen möglich machen. Von Faulpelzen und Unterbeschäftigten abgesehen hat doch niemand wirklich Lust, kostbare Arbeitszeit in undisziplinierten „Labersitzungen" zu vergeuden.

Leiten Sie Ihre Projektmeetings und Workshops wie folgt:

1. Vorbereitung

- Legen Sie das Ziel oder das geplante Ergebnis der Veranstaltung fest.
  - Geht es um neue Ideen?
  - Sollen Ergebnisse vorgestellt und für die Weiterarbeit koordiniert werden?
  - Sind Entscheidungen fällig?
  - Werden Problemlösungen gebraucht?
  - Sollen die einzelnen Arbeitsgruppen sich gegenseitig informieren und ihre Ergebnisse koordinieren?

Machen Sie niemals ein Meeting oder einen Workshop ohne schriftlich festgelegtes Ziel. Wenn Ihre Teammitglieder schon bei der Einladung oder auf der Tagesordnung das Ziel sehen, werden sie diszipliniert daran arbeiten, dass es auch erreicht wird. Wer das Ziel nicht vor Augen hat, neigt eher dazu, die Diskussion in irgendwelche Richtungen zu lenken. Mit dem vorgegebenen Ziel können Sie auch leichter Abweichler wieder zum Thema rufen.

- Sorgen Sie für ausreichend verfügbares Wissen.
  - Müssen Infos beschafft werden? Wer macht das?
  - Brauchen Sie noch Rücksprache mit Außenstehenden?
  - Sollte ein Fachprofi, der oder die nicht zum Team gehört, hinzukommen?

Sie sollten unbedingt solche Veranstaltungen verhindern, die mit der Erkenntnis enden: „Wir können leider noch nichts beschließen, weil uns noch wichtige Informationen fehlen." Dann wäre es besser gewesen, den Termin zu verschieben und sich zuerst schlau zu machen.

- Erarbeiten Sie ein Drehbuch für die Veranstaltung.
  - Was soll der Reihe nach bearbeitet werden?
  - Welche Techniken kommen zum Einsatz?

- Welche Arbeitsformen sind geeignet? Gruppenarbeit? Brainstorming im Plenum?
- Wofür ist wie viel Zeit einzuplanen?

Wenn einer Ihrer Mitarbeiter die Veranstaltung moderiert, dann ist die Person auch für das Drehbuch zuständig. Sie dürfen auf Wunsch des Betreffenden gerne beraten, aber schreiben Sie keine Tagesordnung und keine Vorgehensweisen vor. Der Moderator muss frei sein in der Gestaltung. Der Moderator muss auch das Recht haben, mal eine neue Vorgehensweise zu probieren und damit zu scheitern. Das sind die Fehler, aus denen gelernt werden kann.

Auf jeden Fall muss der Moderator die Techniken sicher anwenden und gegebenenfalls verständlich erklären können.

• Sorgen Sie für die technische Vorbereitung.
   - Wann und wo findet die Veranstaltung statt?
   - Welche Medien und Materialien sind notwendig?
   - Wer kümmert sich um Terminkoordinierung, Raumreservierung, Einladung etc.?

2. Verlauf der Veranstaltung

• Sie oder der Moderator stellen das Ziel des Tages vor.

Machen Sie ganz deutlich: „Das heutige Meeting ist ein Erfolg, wenn …"

An dieser Stelle geraten manche Workshops oder Meetings auf Abwege. Allen Teilnehmern ist das Ziel der Veranstaltung bewusst. Nun möchte der Moderator nach Drehbuch zum Beispiel mit einem Mindmap oder einer Kartenabfrage beginnen. Leider meldet sich nun der Berufszweifler oder der Teamrebell oder der Profilneurotiker oder der Bedenkenträger oder der persönliche Rivale des Moderators zu Wort: „Ich finde, wir sollten erst mal …" „Um das Ziel zu erreichen, das wir erreichen sollen, ist diese Methode völlig ungeeignet." Vielleicht stellt er oder sie auch grundsätzlich das Ziel in Frage und will darüber reden.

Wenn man jetzt aus Sorge, nur ja nicht „autoritär" sein zu wollen, darauf eingeht, versandet die Veranstaltung mit Sicherheit im sinnlosen Wortgefecht.

Warten Sie ab, ob der Moderator souverän das Problem in den Griff bekommt. Falls nicht, greifen Sie ein. Versuchen Sie einmal, an die Kollegialität des Quertreibers zu appellieren, sich doch bitte dem geplanten Vorgehen des Moderators zu fügen. Bieten Sie an, ihn oder sie als Gegenleistung dafür für die nächste Veranstaltung als Moderator vorzusehen. Er oder sie darf es dann so machen, wie es angeblich besser sein soll.

Falls das nicht reicht, bitten Sie die betreffende Person, sich zu entscheiden: Konstruktive Mitarbeit oder Verlassen der Veranstaltung. Hickhack und Machtkämpfe um Vorgehensweisen und Tagesordnungspunkte werden jedenfalls nicht geduldet.

Der Querulant wird Ihnen „autoritäres" Verhalten vorwerfen, die anderen atmen auf und respektieren Sie noch mehr. Verlassen Sie sich darauf: Der Querulant wird sich beruhigen und schon bei der nächsten Veranstaltung ebenfalls der Meinung sein, dass Sie ein guter Projektleiter sind, der sich durchsetzen kann.

Während das Ziel schon mal ins Unterbewusstsein sinken und dort die kreativen Hirnzellen erreichen kann, wenden Sie sich zunächst den Standard-Themen zu, die zu jedem Projekt-Meeting gehören. Durch die Bekanntgabe des Ziels vorab verhindern Sie auch, dass die Standardthemen zu breit ausdiskutiert werden.

- Aktueller Stand im Projekt.
  - Wie weit sind die einzelnen Teilprojekte oder jeder Mitarbeiter?
  - Gibt es irgendwo Probleme? Braucht jemand Ressourcen, Hilfe, eine Entscheidung oder etwas anderes?
  - Ist jemand zu neuen Erkenntnissen gekommen, die andere auch interessieren könnten?
- Pause.

Machen Sie immer eine kurze Pause zwischen dem Standardteil und dem Teil der Veranstaltung, der zum Tagesziel führen soll.

- Erarbeiten der Tagesthemen und Erreichen des Ziels. Der Moderator legt jetzt nach Drehbuch los. Es kommen die Techniken zum Einsatz, die geplant sind.
  - Das Tagesziel wird erarbeitet.
  - Die notwendigen Delegationen für die Weiterarbeit sind durchzuführen.

– Was kommt ins Protokoll? Was soll aus dieser Veranstaltung an Informationen an wen gehen? Was bleibt unter uns?

• Manöverkritik.

An dieser Stelle darf auf keinen Fall der Moderator in die Pfanne gehauen werden! Wenn das auch nur einmal passiert, finden Sie nie wieder einen Freiwilligen für die Aufgabe.

Außerdem hängt das Gelingen der Veranstaltung nicht nur vom Moderator ab. Auch der beste Profi kann in einem Meeting oder Workshop nichts erreichen, wenn die Teilnehmer nicht mitziehen oder auch nur ein Quertreiber blockiert.

Gehen Sie gemeinsam auf folgende Fragen ein:

– Wie sind Zielerwartungen und das, was wir heute erreicht haben, deckungsgleich?
– Was hat uns geholfen, gut zu arbeiten? Was hat uns behindert?
– Was lernen wir aus der heutigen Veranstaltung für die nächste?

• Nächster Termin.

Bevor Sie wieder an Ihre individuellen Schreibtische zurückkehren, schauen Sie gemeinsam nach vorne zum nächsten Termin:

– Ist heute schon das Ziel der nächsten Veranstaltung absehbar?
– Was müssen wir im Projektfortschritt bis dahin erreicht haben?
– Braucht das nächste Meeting spezielle Vorbereitungen?
– Wer moderiert beim nächsten Mal?

Machen Sie dann sofort einen Termin mit dem Moderator aus. Sprechen Sie sich ab, wie und wann Sie die nächste Veranstaltung vorbereiten werden.

7.2 Auf die richtigen Fragen kommt es an

Bei dem Stichwort „Kreativität" assoziieren viele Menschen spielerisches Umgehen mit unterhaltsamen Techniken, mit bunten Karten
bis hin zu Bastelmaterial oder PC-Animationen. Immer wieder wird
darauf hingewiesen, dass auch „verrückte" Ideen erwünscht sind,
dass „Freiheit" und „Chaos" statt „Schere im Kopf" gebraucht
werden.

Das mag vor allem zu Beginn eines Projektes ganz in Ordnung sein.
Sie sollten allerdings mit Ihrem Team zügig die kreative „Spiel-
phase" hinter sich lassen und stramm auf Ihr Projektziel hin marschieren. Es entspricht einfach nicht der Realität in den Unternehmen, dass man sich beliebig viel Zeit lassen kann, um auch noch
den abgelegensten kreativen Geistesblitz mitnehmen zu können.
Außerdem nutzt sich übertriebenes Arbeiten mit Kreativtechniken
auch schnell ab. Manche Mitarbeiter sind irgendwann gar nicht
mehr zu bändigen und wollen nur noch Brainstorming betreiben
und Mindmaps malen. Das macht nämlich viel mehr Spaß, als das
mühselige Ausarbeiten in der Umsetzung. Anderen geht ein Brainstorming nach dem anderen nur noch auf die Nerven. Sie möchten
lieber bald zu greifbaren Ergebnissen kommen.

Außerdem will Ihr Auftraggeber bald etwas sehen. Er bezahlt Sie
nicht dafür, dass Sie tausend Ideen produzieren, sondern dass Sie ein
Projekt zum Ziel führen.

Sie werden erfahren, dass Sie dann die besten Ideen haben und
schnell zu Handlungskonzepten kommen, wenn Sie sich – egal,
mit welcher Technik – die richtigen Fragen stellen und dazu – egal,
mit welchen Techniken – Antworten beschaffen oder selbst erarbeiten.

Beispiel: In einem Unternehmen sollte ein System zum Wissensmanagement aufgebaut werden. Das erste Projektteam hat sich in die
Thematik versenkt, fast zwei Jahre geforscht, Marktanalyse betrie-
ben, diskutiert und nachgedacht. Es ist nichts dabei herausgekom-

men als die Erkenntnis: „Wie haben viel gelernt zum Thema." Das zweite Projektteam hat sich in einem ersten Kreativworkshop gefragt:

„Was sind die Kernfragen eines solchen Projektes?"

Sie kamen auf fünf Kernfragen:

1. Wozu brauchen oder wollen wir ein System zum Wissensmanagement im Unternehmen?
2. Wie bauen wir im Projekt solch ein System auf?
3. Wie sorgen wir für den Nutzen des Systems, wenn wir es denn haben?
4. Wie verhindern wir mögliche Schäden für und durch ein solches System?
5. Wie halten wir das System nach Abschluss des Projektes auf Dauer aktuell und brauchbar?

In folgenden Workshops wurden dann der Reihe nach zu den fünf Kernfragen jeweils weitere Fragen generiert.

1. Wozu brauchen oder wollen wir ein System zum Wissensmanagement im Unternehmen?
   – Was soll mit dem System zum Wissensmanagement erreicht werden?
   – Welche Wünsche und Vorstellungen sind damit verbunden?
   – In welchem Zusammenhang soll es stehen?
   – Welche Bedenken werden von wem und wie gegen das Projekt gehegt?
   – Woran wird unser Projekterfolg schließlich gemessen?
2. Wie bauen wir im Projekt solch ein System auf?
   – Was ist der Kern des Unternehmens?
   – Welches Wissen ist vorhanden?
   – Wo ist das Wissen? In Archiven, Akten, Dateien, Köpfen, Patenten?
   – Welche Mitarbeiter haben welches Know-how?
   – Wie wollen wir das Wissen sammeln, bündeln, verwalten?

- Wie wollen wir es verfügbar machen?
- Was lässt sich aus dem Wissen machen?
- Welches Wissen ist unentbehrlich, wichtig, nette Dreingabe?
- Welches Wissen ist strategisch?
- Welches Wissen veraltet schnell?
- Was müssen und wollen wir wirklich wissen?
- Welches Wissen fehlt uns jetzt oder demnächst?
- Wo entwickelt sich neues Wissen, das wir uns beschaffen müssen?
- Wie kommen wir an fehlendes oder neues Wissen heran?
- Wer hat bereits ein Wissensmanagement aufgebaut und im Einsatz?
- Wie kommen wir an Erfahrungen dazu heran?
- Was passt davon auch zu uns?
- Was übernehmen wir, und was machen wir anders?
- Welche Struktur soll unser System haben?
- Welche Technik setzen wir ein?
- Welche Verfahren setzen wir ein?

3. Wie sorgen wir für den Nutzen des Systems, wenn wir es denn haben?
   - Wie machen wir das System denen verfügbar, die es brauchen?
   - Wie machen wir das System in seiner Handhabung verständlich und einfach?
   - Wie bringen wir die Mitarbeiter dazu, ihr Wissen zur Verfügung zu stellen?
   - Wie bringen wir die Mitarbeiter dazu, das System zur Hilfe zu nehmen?
   - Wie passen wir das System sich ändernden Anforderungen an?
   - Wie soll das Wissensmanagement zur Wertschöpfung beitragen?
   - Wie messen wir den Nutzen des Systems?
   - Wie weisen wir nach, dass sich die Investition gelohnt hat und weiterhin lohnt?

4. Wie verhindern wir mögliche Schäden für und durch ein solches System?
   - Wer könnte welches Wissen bei Verlassen des Unternehmens mitnehmen?
   - Welches Wissen ist geheim?
   - Welches Wissen soll für wen zugänglich gemacht werden?
   - Welches Wissen muss vor wem geschützt werden?
   - Wer könnte ein Interesse daran haben, sich Zugang zu verschaffen?
   - Wie würden Eindringlinge in unser System vorgehen?
   - Wie verhindern wir Verfälschungen?

5. Wie halten wir das System nach Abschluss des Projektes auf Dauer aktuell und brauchbar?
   - Wie erkennen wir rechtzeitig neue Trends und Techniken im Wissensmanagement?
   - Wie verhindern wir die Entwicklung zu einem unbrauchbaren Datenfriedhof?
   - Wie sichern wir die Aktualität der Inhalte?
   - Wie können wir die Aktualität des Systems und der Inhalte prüfen?

Das Kreative war immer das Finden der richtigen Fragen. Von einem Termin zum nächsten wurden dann in oft mühseliger Kleinarbeit zu den Fragen die richtigen Antworten gefunden. Von den Antworten wurden dann nahtlos die Arbeitsaufträge zur Umsetzung abgeleitet. In regelmäßigen Abständen kam das Team zu Meetings zusammen und ging den fünf Kontrollfragen auf den Grund:

   - Wie weit sind wir?
   - Ist unser bisheriges Vorgehen richtig?
   - Welche neuen Erkenntnisse müssen berücksichtigt werden?
   - Wie geht es weiter?
   - Was muss bis zum nächsten Kontrolltermin fertig sein?

Wenn Sie einmal Ihr eigenes Projekt betrachten, werden Sie feststellen, dass Sie es auch zum großen Teil auf Fragen zurückführen können.

Allerdings müssen zu den Fragen die Antworten gefunden werden. Dann muss aus dem geistigen Beschäftigen mit dem Thema die konkrete Tat werden!

Jedes Projekt kommt irgendwann an eine Stelle, wo die Probleme unüberwindlich erscheinen. Die notwendigen Ressourcen fehlen, ein Lieferant hält sich nicht an zugesagte Termine, der wichtigste Mitarbeiter wird aus dem Team abgezogen, die nachträglichen Änderungswünsche des Auftraggebers bringen die Planung durcheinander. Womöglich stellt sich plötzlich auch noch heraus, dass manche Dinge aus technischen Gründen nicht so machbar sind, wie man sich das bei der Planung gedacht hat.

In solchen Situationen kann es passieren, dass Projektleiter und Team sich frustriert darüber auslassen, was sich alles quer stellt, wer daran die Schuld hat, wieso die Probleme nicht zu meistern sind und so weiter.

Sie gehen in ihren Frustdiskussionen dabei fast unbewusst den Fragen nach: „Wieso haben wir solche Probleme?" Und: „Wer hat die Schuld?" Diese Fragen bringen Sie jedoch nicht weiter. Sie steigern den Frust.

Machen Sie es mit Ihrem Team besser. Wenn Ihr Projekt ins Schlingern kommt oder zum Stillstand, dann fragen Sie:

▶ Was müsste anders sein, damit die Arbeit hier weitergehen kann?

Mit dieser ersten Frage wird das Problem beleuchtet. Gehen Sie dann auch den Ursachen auf den Grund:

▶ Wieso ist es nicht so, wie es sein müsste?

Diese ersten beiden Fragen provozieren zum Teil vielleicht noch bitteres Beklagen über andere Menschen oder widrige Umstände. Das mag im Frust emotional tröstlich sein, hilft aber nicht weiter.

Auf die dritte Frage kommt es entscheidend an:

▶ Was können wir dafür tun, dass die Arbeit weitergeht?

Wenn Sie mit Ihrem Team die Hürde überwunden haben, fragen Sie einmal:

▶ Wie verhindern wir, dass wir noch einmal ähnliche Probleme bekommen?

7.3 Planen Sie vom Ende her

Wenn Sie mit Fragen und Kreativtechniken Ihr Projekt gedanklich durchleuchtet haben, dann muss es über Planung zur Tat kommen. Sie als Projektleiter sind für die korrekte Planung verantwortlich. Binden Sie jedoch Ihre Teammitglieder in die Planung mit ein. Die Fachleute können an mancher Stelle vermutlich besser als Sie beurteilen, welche Aufgaben wie viel Zeit in Anspruch nehmen werden.

Planen Sie mit Ihrem Team möglichst vom Ende her. Wenn Sie lediglich vom Jetzt ausgehen und überlegen, was nun als nächstes zu tun ist, dann verfehlen Sie mit hoher Wahrscheinlichkeit den Termin. Vor allem Experten, die sich inhaltlich sehr interessieren, sich jedoch nicht so intensiv dem wirtschaftlichen Denken verpflichtet fühlen, müssen straff über Termine geführt werden.

Experten mit Lust am Programmieren, Tüfteln, Werkeln und Experimentieren verlieren leider gerne die Zeit aus den Augen. Sie wollen – zu Recht – ihre Arbeit gut machen. Allerdings übertreiben sie womöglich und vertiefen sich zu sehr in Details. Das kostet Zeit und Geld!

Sie als Projektleiter stehen dem Auftraggeber gegenüber in der Verantwortung, dass weder Termin, noch Budget überschritten werden.

Am besten gehen Sie in folgenden Schritten vor:

1. Sie haben mit dem Auftraggeber einen Termin für das Projektende vereinbart.
2. Setzen Sie für sich und das Team einen Vor-Termin.
   Das kann eine Woche oder ein Monat vor der geplanten Abnahme durch den Auftraggeber sein. Auf jeden Fall gilt für Sie und Ihre Mitarbeiter: „Dann sind wir fertig.“

Leider liegt es den meisten Menschen im Blut, möglichst immer erst „auf den letzten Drücker" arbeiten zu wollen. Vor allem auch ungeliebte Aufgaben wie Dokumentation im Projekt bleiben liegen.

Wenn Ihre Mitarbeiter wissen, dass Sie Vor-Termine planen, könnten sie auf die Idee kommen, diese nicht ernst zu nehmen. Sie stellen sich bereits darauf ein, dass sie den Vor-Termin nicht halten, sondern erst den „richtigen" Termin.

Wenn Sie es zu Beginn durchgehen lassen, dass Ihr Vor-Termin nicht punktgenau eingehalten wird, dann nimmt man im weiteren Projektverlauf weder Ihre Pläne, noch Sie selbst ernst. Am Ende haben Sie dann doch wieder die Hektik, die Sie vermeiden wollten.

Sie sollten deshalb zu Beginn klar kommunizieren, dass Sie mit Vor-Terminen planen, weil Sie grundsätzlich Stress-Situationen vor Ende einer Projektphase oder vor Abgabe eines Meilensteins nicht haben wollen. Sie wollen auch nicht, dass auf die letzte Minute plötzlich gepfuscht werden muss, weil die Zeit für Qualitätsarbeit nicht mehr reicht.

Sagen Sie auch unmissverständlich, dass Sie nicht bereit sind, nachsichtig mit Unzuverlässigen zu sein. Niemand darf seine oder ihre Arbeit vor sich herschieben und damit später erzwingen, dass die Zuverlässigen, die ihre Aufgaben pünktlich fertig haben, für sie mitarbeiten müssen.

Wenn diese Botschaft von Ihnen klar ist, dann werden sich Ihre Mitarbeiter daran halten. Im Grunde sieht ja jeder ein, dass Sie nicht Druck machen, sondern vermeiden wollen. Es hat ja auch jeder schon mal die Erfahrung gemacht, dass Arbeiten „auf den letzten Drücker" oft zu Pfusch geführt haben. Es ist ja wohl auch offensichtlich, dass Aufschieberei mit der Konsequenz, dass am Ende die Pünktlichen für die Unpünktlichen mitarbeiten müssen, ganz einfach unfair ist.

Da der Verstand mit seiner Einsichtsfähigkeit leider nicht immer reicht, die Bequemen tatsächlich zu einem zuverlässig pünktlichen Arbeitsstil zu bewegen, sollten Sie dem mit persönlichen Feedback-Gesprächen nachhelfen.

Führen Sie nach jedem fertigen Meilenstein ein kurzes Vier-Augen-Gespräch mit jedem Teammitglied. Sie sind nicht der Linienvorgesetzte und haben deshalb nicht die Kompetenz „echte" Beurteilungsgespräche zu führen. Es hindert Sie jedoch nichts daran, jedem zu kommunizieren, was Sie als Leiter des Projektes von der Mitwirkung im Team halten.

Damit Ihre Teammitglieder nicht etwa verärgert auf das Feedback reagieren, sondern noch motivierter und noch zuverlässiger an die Arbeit gehen, sollten Sie vielleicht auf Kritik ganz verzichten. Loben Sie das Lobenswerte. Was nicht gut gelaufen ist, weiß der Betreffende selbst. Ihnen hilft es, wenn das bisher schon Positive durch das Lob noch verstärkt wird.

Vergleichen Sie es mit der Generalprobe am Theater. Nie riskiert man es, erst zur Premiere fertig zu sein. Bereits zur Generalprobe müssen Texte sitzen, Kostüme passen und die Technik reibungslos funktionieren.

3. Legen Sie vom Ende her Zeitpunkte und zu erreichende Zwischenergebnisse fest.

Markieren Sie, vom Ende beginnend, Punkte im Abstand von maximal zwei Monaten.

Für jeden dieser Zeitpunkte fragen Sie: „Wie weit müssen wir sein, wenn wir den Termin zwei Monate später treffen wollen?"

Wenn Sie zum Beispiel den 15. September als Termin mit dem Auftraggeber vereinbart haben, dann ist Ihr Vor-Termin der 5. September. Der Zeitpunkt davor ist der 5. Juli. Wie weit muss Ihr Projektprodukt am 5. Juli fertig sein, damit Sie am 5. September die Arbeit beenden können?

Beschreiben Sie den Zustand als Zwischenstadium.

Dann geht es weiter: Wie weit müssen Sie am 5. Mai sein, damit Sie am 5. Juli da sind, wo Sie sein wollen? Und so weiter bis zum heutigen Tag.

Sie werden sehen, wie anders der Arbeitsstil Ihrer Mitarbeiter wird, wenn sie nicht mehr ein weit entferntes Projektziel vor Augen haben, sondern einen Termin in nächster Zeit.

4. Definieren Sie Meilensteine.

Überarbeiten Sie mit den Mitarbeitern gemeinsam den Plan mit den Zeitpunkten. Oft sind die Zwischenzustände alle zwei Monate etwas ungenau oder zu schwer zu greifen. Verschieben Sie die Zeitpunkte jetzt so, dass ungefähr alle sechs bis zwölf Wochen ein in sich abgeschlossenes Zwischenergebnis fertig sein wird. Das sind die Meilensteine.

Beschreiben Sie die Meilensteine als in sich fertige Teilergebnisse mit bestimmten Qualitätskriterien, die zu den festgelegten Zeitpunkten vom Auftraggeber abgenommen werden müssen. Planen Sie auch für die Meilensteine, dass Vor-Termine erreicht werden müssen.

Sollte das Projekt in verschiedene Teilprojekte gegliedert werden, dann hat jedes Teilprojekt seine eigenen Meilensteine zu erreichen. Für jedes Teilprojekt ist ein Teilprojektleiter verantwortlich.

Sie als Projektleiter definieren dann noch Termine zu denen die Ergebnisse der Teilprojekte miteinander synchronisiert werden.

5. Vereinbaren Sie die Abnahmetermine mit dem Auftraggeber.

Stellen Sie dem Auftraggeber den geplanten Verlauf des Projektes vor. Machen Sie deutlich, dass Sie unbedingt die Abnahme von Meilensteinen brauchen. Damit wird jeweils die Basis für die Weiterarbeit gelegt.

Sie sollten auch deutlich machen, bis wann Sie nachträgliche Änderungswünsche noch berücksichtigen können. Vor allem, wenn der Auftraggeber technisch nichts vom Fach versteht, kann es ihm oder ihr unverständlich sein, wieso „kleine Änderungen" und „winzige Zusatzwünsche" nicht mehr möglich sein sollen.

Vereinbaren Sie die Abnahmetermine schriftlich. Trotzdem rechnen Sie bitte damit, dass der Auftraggeber sie vergisst. Erinnern Sie immer einige Tage vorher: „Nächste Woche am ... ist der Meilenstein ... von Ihnen abzunehmen!"

6. Kontrollieren Sie nach einer Woche zum ersten Mal.

Wenn Ihre Mitarbeiter sich an die Umsetzungsarbeit machen und dem ersten Meilenstein entgegenarbeiten, sollten Sie spätestens nach einer Woche prüfen, ob alles nach Plan läuft.

Kontrolle des Arbeitsfortschritts

Stellen Sie dem jeweiligen Mitarbeiter oder dem Teilprojektleiter folgende Fragen:

▶ Wie weit sind Sie?

▶ Was ist bis zum nächsten Termin noch zu machen?

▶ Haben Sie alles, was Sie brauchen?

▶ Gibt es Probleme?

▶ Werden Sie den Termin halten?

▶ Wie sichern Sie die Qualität der Arbeit?

▶ Was kann ich für Sie tun, damit Sie den Termin sicher halten?

7. Machen Sie bei jedem Meilenstein einen Rückblick.

Wenn die Abnahme des Meilensteins erfolgt ist, sollten Sie und Ihr Team noch einmal kurz auf die Arbeitszeit davor zurückschauen. Betrachten Sie nicht die Ergebnisse, sondern die Art, wie Sie dazu gekommen sind.

Fragen Sie sich in einem Brainstorming:

• Was war gut an der Art unserer Vorgehensweise und Zusammenarbeit?

• Was wollen wir ab sofort anders machen?

Fragen Sie nicht nach falschem Verhalten oder nach Teamstörungen. Das treibt die betroffenen „Übeltäter" unnötig in eine Verteidigungsposition. Sie werden sich dann in der nächsten Arbeitsphase kaum besser an die Spielregeln halten, sondern sich womöglich noch mehr in störendem Verhalten etablieren.

Es ist auch völlig sinnlos, sich über Fehlverhalten von Außenstehenden zu ereifern. Es kann sein, dass Sie mit Ihrem Team in Probleme geraten sind, weil der Auftraggeber sich nicht an Vereinbarungen gehalten hat oder weil externe Partner unzuverlässig sind. Sich darüber im Team aufzuregen, lohnt sich nicht. Sie müssen es einfach hinnehmen, dass Sie nichts am Verhalten anderer Menschen ändern können. Fragen Sie sich im Team lieber:

• Womit müssen wir in der Zusammenarbeit mit ... in Zukunft rechnen?
• Wie stellen wir uns darauf ein, damit es trotzdem mit den Terminen klappt?

8. Überarbeiten Sie die Pläne nach jeder Meilensteinabnahme.

Man kann nie so genau planen, dass bis zum letzten Projekttag die Pläne noch perfekt stimmen. Neue Erkenntnisse, weitere Erfahrungen, überraschend gute Fortschritte und unerwartete Probleme machen regelmäßige Planänderungen notwendig.

Der Zeitpunkt nach erfolgreicher Meilensteinabnahme ist ideal für die Überarbeitung der Pläne. Planen Sie immer mit Ihrem Team gemeinsam. Mitarbeiter halten sich an Pläne, die sie selbst mitentwickelt haben. Planen Sie stets grob bis zum Ende des Projektes. Prüfen Sie, ob die bisher vorgesehenen Termine für die weiteren Meilensteine so bleiben können. Planen Sie dann detailliert das Vorgehen bis zum nächsten Meilenstein. Legen Sie dann fest, wann Sie bei jedem Mitarbeiter oder bei jedem Teilprojekt den Fortschritt kontrollieren.

7.4 Zeigen Sie sich entscheidungsfreudig

In der Projektarbeit sind Entscheidungen zum Was und zum Wie zu treffen. Dafür gibt es eine klare Regel: Das Was entscheidet immer der „Ranghöchste". Das Wie entscheidet die Person, die für die pünktliche Lieferung des Was verantwortlich ist.

Das bedeutet für Sie in Ihrem Projekt:

• Ihr Auftraggeber entscheidet, was er oder sie haben will.

Damit entscheidet der Auftraggeber nicht nur, dass er oder sie ein bestimmtes Projekt zur Herstellung eines bestimmten Produktes in

Auftrag gibt. Der Auftraggeber bekommt nach kreativen Prozessen im Team von Ihnen verschiedene Lösungsvarianten präsentiert. Sie haben dazu mit Ihrem Team eine begründete Empfehlung erarbeitet. Dennoch kann der Auftraggeber sich für die Variante entscheiden, die Sie nicht für empfehlenswert halten.

Sie und Ihre Fachleute sind dafür zuständig, dass der Auftraggeber die Informationen bekommt, damit er oder sie sinnvoll entscheiden kann. Das können Sie zum Beispiel wie folgt formulieren:

> *„Wir haben die Varianten …, … und … nach den Kriterien … untersucht. Wir empfehlen Ihnen die Variante … weil …"*

Dann liegt die Entscheidung beim Auftraggeber. Falls der Auftraggeber sich anders entscheidet, als Sie für richtig halten, dann gibt es für Sie die Alternativen, sich damit abzufinden oder die Projektleitung abzugeben. Das müssen Sie auch Ihren Teammitgliedern klar machen. Wer sich mit der Entscheidung des Auftraggebers nicht abfinden kann, muss gehen. Es darf einfach nicht sein, dass bei jedem Meeting und jedem Workshop das leidige Thema wieder auf den Tisch kommt, warum die Entscheidung vom „dummen" Auftraggeber falsch war.

- Sie entscheiden, wie Sie im Projekt das herstellen, was der Auftraggeber bei Ihnen bestellt hat.

Als Projektleiter sind Sie „Kapitän an Bord". Sie verantworten Entscheidungen zum geplanten Ablauf des Projektes. Sie entscheiden über Teilprojekte und die dafür Verantwortlichen.

Teilprojektleiter stehen Ihnen gegenüber dafür gerade, dass sie Ihnen die Ergebnisse in der vereinbarten Qualität pünktlich zum Termin abliefern. Innerhalb des Teilprojektes entscheiden die Teilprojektleiter, wie sie die Aufgaben zuordnen. So wie Ihnen Ihr Auftraggeber nicht in die Führung Ihres Projektes hineinpfuschen darf, so dürfen Sie nicht am Teilprojektleiter vorbei in die Arbeitsgruppe hineinregieren.

Allerdings kann der Auftraggeber zu der Erkenntnis kommen, dass Sie das Projekt nicht im Griff haben und zum Beispiel bei der nächsten Meilensteinabnahme einen anderen Projektleiter einsetzen. Das können Sie auch so mit Ihren Teilprojektleitern machen, falls sich Ihre vorherige Entscheidung für die betreffende Person als falsch erweist.

• Innerhalb des Projektes sollten Sie möglichst gemeinsam mit Ihren Teammitgliedern zu Entscheidungen kommen.

Sie erreichen mit gemeinsamen Entscheidungen eine höhere Akzeptanz bei Ihren Teammitgliedern für die Entscheidung. Dennoch muss klar bleiben, dass Sie als Projektleiter für den Erfolg des Projektes verantwortlich sind. Sie können sich bei einem Scheitern niemals damit herausreden, dass Sie leider an Entscheidungen des Teams gebunden waren und deshalb die Ziele verfehlten.

Ihre Verantwortung für Erfolg und Scheitern gibt Ihnen das Recht und die Pflicht, bei allen Entscheidungen innerhalb des Projektes das letzte Wort zu sprechen.

Zeigen Sie sich als entscheidungsstarker Projektleiter. Wenn Sie sich irren und eine falsche Entscheidung treffen, ist es nicht halb so schlimm wie wenn Sie aus Angst vor einem Irrtum zaudern. Es liegt nun einmal in der Natur der Sache, dass man bei Entscheidungen vorher keine Garantie bekommen kann, dass die eigene Entscheidung richtig ist. Wenn Sie nicht bereit sind, auch einmal Fehler zu riskieren, dürfen Sie nicht Projektleiter sein!

Sie können auch nicht immer alle glücklich machen. Sie müssen sich damit abfinden, dass bei jeder Entscheidung, die Sie treffen, irgendjemand den Kopf schüttelt oder sich beeinträchtigt fühlt. Wenn Sie nicht damit leben können, dass immer einmal jemand auf Sie böse ist oder Sie für einen Dummkopf hält, dürfen Sie nicht Projektleiter sein!

Es liegt leider auch in der Natur vieler Menschen, dass sie bei erkannten Fehlern sofort angerannt kommen und sich ausführlich darüber auslassen, dass ihnen das nie hätte passieren können, dass sie schon vorher wussten, was hier falsch läuft. Wenn Sie bei Fehlentscheidungen nicht auch die Schadenfreude der Besserwisser ertragen können, dann dürfen Sie nicht Projektleiter sein!

Ihr Motto muss sein:

„Ich versuche vor Entscheidungen möglichst gut das Problem zu verstehen. Ich treffe meine Entscheidungen schnell. Ich mache bei Fehlentscheidungen schnell einen Rückzieher. Ich stehe zu meinen Entscheidungen und deren Konsequenzen." Mehr können Sie nicht tun. Wenn dann die Mehrzahl Ihrer Entscheidungen richtig sind, ist es gut. Wenn jede Ihrer Entscheidungen sich als richtig erweist, dann haben Sie mit Sicherheit ein anderes Problem: Sie sind ein Zauderer, der viel zu lange wartet. Verschleppte Entscheidungen sind für Ihr Projekt und für Ihr Ansehen als souveräner Projektleiter eine Katastrophe!

In fünf Schritten sollten Sie bei Entscheidungsbedarf vorgehen. Diese fünf Schritte machen Sie bitte auch Ihren Mitarbeitern deutlich. Dann können die sich darauf einstellen und selbst ihre Entscheidungen ähnlich anpacken.

1. Definieren Sie das Problem

Was ist zu entscheiden? Welche Fakten brauchen Sie für eine vernünftige Entscheidung? Was ist an der Sache noch unklar?

Legen Sie jetzt den Termin fest, bis wann Sie entschieden haben werden. Ganz egal, wie weit Sie mit der Beschaffung von Fakten und Hintergrundwissen sind, zu dem Termin entscheiden Sie so gut Sie können und basta! Wenn Sie den Termin offen lassen, laufen Sie unnötig Gefahr, wegen nicht vollständig erfasster Fakten doch noch zu verzögern.

2. Holen Sie Infos und Ratschläge zusammen

Informieren Sie Ihre Mitarbeiter. Fragen Sie Fachleute. Lassen Sie Fakten beschaffen. Hören Sie sich den Rat von Erfahrenen und den von Laien an.

Definieren Sie die verschiedenen Möglichkeiten, wie Sie entscheiden könnten. Sprechen Sie mit Ihren Mitarbeitern über die verschiedenen Möglichkeiten. Hören Sie sich deren Meinungen an.

3. Entscheiden Sie

Sie treffen die Entscheidung allein. Auch wenn Sie sich auf Rat Ihrer Mitarbeiter für eine der offenen Möglichkeiten entscheiden, ist es letztlich ganz allein Ihre Entscheidung und Ihre Verantwortung.

In manchen Fällen können Sie auch zum Beispiel einen Mehrheitsbeschluss anordnen oder sogar losen lassen. Das hängt immer vom Thema oder von der Wichtigkeit der Sache ab. Niemals können Sie sich jedoch auf den Standpunkt stellen, dass Sie für eventuelle negative Konsequenzen keine Verantwortung tragen.

4. Informieren und begründen Sie

Wer muss über die Entscheidung informiert werden? Muss der Auftraggeber darüber Bescheid wissen? Sind alle Mitarbeiter oder bestimmte Außenstehende betroffen?

Sie sollten immer auch begründen, warum Sie sich so entschieden haben, wie Sie es haben. Sagen Sie gerne auch, an welchen Stellen Sie selbst die Risiken Ihrer Entscheidung sehen. Tun Sie lieber nicht so, als hielten Sie Ihre Entscheidung für perfekt. Das macht vor allem bei wichtigen Dingen einen naiven Eindruck als hätten Sie die tatsächlichen Risiken an der Sache gar nicht begriffen.

Vielleicht prallen Sie mit Ihrer Entscheidung und Ihren Begründungen dazu auf vehementen Widerstand derer, die anders entschieden hätten. Das müssen Sie hinnehmen. Sie sollten auch ein offenes Ohr für die Warnungen der Andersdenkenden haben, wenn sie Ihnen die Nachteile und Risiken Ihrer Entscheidung erneut vorhalten. Sie sollten jedoch nicht zulassen, dass die Diskussion vor der Entscheidung wieder einsetzt.

> Sie sollten die Mitglieder Ihres Teams, die eine sehr feste Meinung zum Thema haben und sehr vehement gegen die Entscheidung des Auftraggebers argumentieren, kritisch im Auge behalten! Es ist schon manchem Projektleiter passiert, dass er oder sie allein deshalb scheiterte, weil Meinungsgegner des Auftraggebers bewusst oder unbewusst nach der in ihren Augen „Fehlentscheidung" den Erfolg des Projektes sabotiert haben. Sie konnten sich nicht dazu durchringen, engagiert auf der Basis der nun einmal getroffenen Entscheidung weiterzuarbeiten. Statt dessen haben sie – teilweise unbewusst – so gearbeitet, dass sich ihre rabenschwarzen Ankündigungen erfüllten. Sie hätten das Gefühl gehabt, „ihr Gesicht zu verlieren", wenn entgegen ihren Annahmen am Ende doch noch der Auftraggeber Recht behalten hätte. Unbewusst sorgt mancher Fachprofi dafür, dass sich seine oder ihre düsteren Vorwarnungen erfüllen

Auch bezüglich Ihrer Entscheidungen im Projekt gilt: Die Mitarbeiter finden sich damit ab und arbeiten in Ihrem Sinne engagiert weiterhin mit oder steigen aus dem Projekt aus. Es muss „Fraktionszwang" gelten. Es ist einfach nicht möglich, ein Projekt jemals zum Ziel zu führen, wenn man stets alle zu einer gemeinsamen Meinung bringen will. Irgendwann muss jemand das notwendige Machtwort sprechen: „Ende der Diskussion. Hier ist die Entscheidung. Ab hier geht es weiter." Dieses Machtwort sprechen Sie.

5. Kontrollieren Sie den Erfolg

Jede Entscheidung birgt das Risiko einer Fehlentscheidung in sich. Sie bleiben bitte nicht stur bei Ihrem Wort, wenn sich im Nachhinein neue Erkenntnisse ergeben, wenn sich die Entscheidung als falsch erweist, wenn sich die Umstände wesentlich ändern.

Notfalls müssen Sie schnell Ihre Entscheidung zurücknehmen wenn Sie die Schäden gering halten wollen. Auch dafür brauchen Sie den Mut, souverän zu einem Entschluss zu kommen.

Sollte sich Ihre Entscheidung als richtig erweisen, dann enthalten Sie sich aller hämischen Bemerkungen gegenüber denen, die Ihnen anders geraten haben! Schon beim nächsten Entscheidungsanlass kann es wieder umgekehrt sein. Sie und auch Ihre Meinungsgegner können doch nichts anderes tun, als immer wieder erneut möglichst gut das Thema zu beleuchten und dann nach bestem Wissen und Gewissen zu einer Meinung kommen. Mal haben Sie einen Treffer, mal die Andersdenkenden.

 Im Interesse einer zügigen Zielerreichung beschränken Sie sich möglichst auf solche Kreativitätstechniken, die schnell von allen Mitgliedern Ihres Teams verstanden werden. Komplizierte Techniken bringen keine besseren Ideen als einfache Techniken.

Leiten Sie die ersten zwei bis drei Meetings oder Workshops selbst. Etablieren Sie durch straffe Führung einen effizienten Arbeitsstil. Geben Sie dann die Moderation an Mitarbeiter ab. Wer dazu Lust hat, sollte die Chance bekommen, über Moderation Führungsqualifikation zu trainieren. Außerdem steigert wechselnder Moderationsstil die geistige Flexibilität und somit die Kreativität.

Letztlich kommt es darauf an, dass Sie und Ihr Team sich für Ihr Projekt die richtigen Fragen stellen. Aus den Fragen ergibt sich von selbst, was zu tun ist. Fangen Sie möglichst jeden Ihrer Kreativ-Workshops damit an, erst einmal Ideen zu entwickeln zur Basisfrage: „Welche Fragen sollten wir uns heute stellen?" Oft ist auch wichtig, darüber nachzudenken: „Wen müssen wir fragen? Und was werden wir fragen?"

Fördern Sie die zielorientierte und disziplinierte Arbeitsweise in Ihrem Team dadurch, dass allen Beteiligten ständig feste Termine vor Augen stehen. Nie darf das Gefühl entstehen: „Wir haben ja noch viel Zeit!"

Klären Sie am besten gleich zu Beginn sowohl mit Ihrem Auftraggeber als auch mit den Mitarbeitern,

▶ wer welche Entscheidungen trifft und verantwortet,

▶ dass getroffene Entscheidungen nicht mehr zerredet werden und

▶ dass nach einer Entscheidung das Prinzip „love it or leave it" gilt.

8 Vermarkten Sie Ihre Ideen und Ihr Erfolgsprojekt

8.1 Investieren Sie Kreativität in PR für Ihr Projekt

Als Projektleiter gehört Public Relation aus fünf Gründen zu Ihren wichtigen Aufgaben:

1. Sie fördern die Akzeptanz Ihres Projektes und des Produktes durch werbewirksame Maßnahmen. Je besser es Ihnen zum Beispiel durch Präsentationen oder Publikationen gelingt, Ihrem Projekt einen „guten Namen" zu machen, desto offener sind Betroffene für die Neuerungen und die eventuellen Belastungen bei der Einführung des Neuen.

2. Sie fördern Ihre Karriere, wenn Sie Ihr Licht nicht unter den Scheffel stellen, sondern öffentlich machen, wie wichtig Ihr Projekt ist und wie gut Sie es führen. PR für Ihr Projekt verschafft Ihnen eine gute Reputation und ist damit ein Karriereschub für Sie.

3. Sie fördern die Motivation Ihres Teams, sich für die Ziele zu engagieren. Die Mitarbeiter sind stolz darauf, Teil eines Erfolgsteams zu sein. Je angesehener Ihr Projekt ist, desto mehr Spaß macht es, sich dafür einzusetzen.

4. Sie fördern die Karrieren Ihrer Teammitglieder. Diejenigen im Team, die Lust haben, sich zu exponieren, bekommen im Rahmen von Präsentationen die Chance für persönliche Auftritte. Sie perfektionieren sich in ihrer Rhetorik und machen sich über die Grenzen des Projektes hinaus bekannt.

5. Sie fördern die Loyalität Ihres Auftraggebers zu Ihnen und zum Projekt. Ihrem Auftraggeber schmeichelt es, wenn er oder sie als Urheber eines Erfolgsprojektes in Erscheinung treten kann.

PR für das Projekt ist Ihre Verantwortung. Das bedeutet jedoch nicht, dass Sie die Person sind, die bei Präsentationen stets im Rampenlicht zu stehen hat. Oft genügt es, wenn Sie bei Präsentationen lediglich die Begrüßung der Zuhörer und die Einführung übernehmen. Dann geben Sie ab an die Mitarbeiter, die Lust haben, sich darzustellen als Profis und gute Präsentatoren.

Wenn Mitarbeiter in Ihrem Team durch Publikationen zum Projekt ihre Karrieren puschen wollen, sollten Sie das ebenfalls unterstützen. Sorgen Sie allerdings dafür, dass

- das Projekt stets positiv dargestellt wird,
- Ihr Name als Projektleiter in Erscheinung tritt und
- der Auftraggeber die Zustimmung gibt und entsprechend genannt wird.

Investieren Sie mit Ihrem Team Kreativität in Public Relation. Gehen Sie gemeinsam in sieben Schritten vor. Lassen Sie durch Fragen wie die folgenden Ihre Ideen sprudeln:

1. Bestimmen Sie den aktuellen Standort Ihres Projektes

- Welche Bedeutung hat Ihr Projekt für den Unternehmenserfolg?
- Wie hoch ist das Projekt im Unternehmen „aufgehängt"?
- Was sind die Ziele des Auftraggebers mit diesem Projekt?
- Was bedeutet Ihr Projekt für Betroffene?
- Wie steht es um Zustimmung und Ablehnung für das Projekt?
- Wie können Sie Aufgaben, Ziele und Nutzen Außenstehenden vermitteln?
- Welches sind die Stärken Ihres Teams?
- Wie weit ist die Arbeit fortgeschritten?
- Mit welchen Problemen müssen Sie kämpfen?
- Wie wird vermutlich der weitere Verlauf des Projektes sein?
- Was kommt im Laufe des Projektes auf Außenstehende zu?
- Welches Image wollen Sie dem Projekt in der Öffentlichkeit geben?
- Welches Image wollen Sie und Ihre Mitarbeiter sich selbst geben?
- Auf wessen Zustimmung, Hilfe und Sympathie sind Sie für den Projekterfolg angewiesen?

• Wie können Sie und Ihre Mitarbeiter durch das Projekt Ihre Karrieren fördern?

2. Definieren Sie die Ziele der PR-Aktivitäten

Ihre PR-Aktivitäten können verschiedene Ziele verfolgen. Zum Beispiel kann es notwendig sein, Widerstände bei Betroffenen zu überwinden. Vielleicht will Ihr Auftraggeber, dass Kunden von dem Projekt erfahren und dadurch das Unternehmen positiver sehen. Vielleicht brauchen Sie auch kurzfristig eine gute Presse für Ihre Arbeit, weil Sie bereits jetzt schon wissen, dass Sie demnächst beim Vorstand um eine Erweiterung des Budgets kämpfen müssen. Es kann sich auch ganz klar um persönliche Ziele handeln. Sie oder Mitarbeiter Ihres Teams wollen sich mit Hilfe des Projektes einen Namen machen.

Vermutlich wollen Sie und Ihre Mitarbeiter mehrere Ziele gleichzeitig erreichen. Wichtig ist, dass Sie für sich die Frage beantworten, wozu es gut sein soll, die Mühe mit den PR-Aktivitäten auf sich zu nehmen. Je messbarer Sie Ihre PR-Ziele formulieren, desto besser.

Denken Sie bitte auch daran, dass Ihre Mitarbeiter besonders viele und gute kreative Ideen zur PR entwickeln, wenn sie eigene Ziele damit erreichen können. Seien Sie als Projektleiter immer der Karriere- oder Imageförderer Ihrer Mitarbeiter. Das nutzt letztlich auch Ihnen! Reagieren Sie niemals eifersüchtig auf Prestigeerfolge Ihrer Teammitglieder. Im Gegenteil, polieren Sie Ihr Image als Leiter eines Teams mit prestigeträchtigen Mitgliedern.

• Was wollen Sie durch Öffentlichkeitsarbeit erreichen?
• Welches Image über das Projekt und die Beteiligten soll bei wem ankommen?
• Wie wollen Sie feststellen, ob Ihre PR-Maßnahmen erfolgreich sind?

3. Analysieren Sie die Zielgruppen

Hierbei geht es um die Menschen, bei denen Ihre Veröffentlichungen ankommen sollen. Wer wird Ihre Präsentationen besuchen oder davon hören? Wer konsumiert die Medien, in denen Sie publizieren wollen?

- Wer ist Zielgruppe der PR-Maßnahmen?
- Was wissen sie bereits über das Projekt oder über Sie?
- Was interessiert sie?
- Welche Einstellung haben sie bisher zum Projekt?
- Über welchen Einfluss verfügen sie?
- Wie unterscheiden sich unterschiedliche Zielgruppen?
- Wo können Sie die Zielgruppen erreichen?
- Wie sollten Sie die unterschiedlichen Zielgruppen jeweils ansprechen?
- Durch wen oder was werden die Zielgruppen auch noch beeinflusst?

Fragen Sie sich auch, welche anderen Projekte oder Personen bei Ihrer Zielgruppe PR macht. Mit wem stehen Sie in Konkurrenz um Aufmerksamkeit und Sympathie?

 Denken Sie bitte daran, dass auch Ihr Auftraggeber eventuell neben den offiziellen Projektzielen weitere eigene Ziele verfolgt. Vielleicht will er oder sie die eigene Reputation dadurch verbessern. Es kann aber auch sein, dass aus Sicht des Auftraggebers das Projekt eher verdeckt beginnen und erst kurz vor Abschluss ins Licht der öffentlichen Aufmerksamkeit gebracht werden soll. Ein mögliches Problem könnte auch in persönlichen Eitelkeiten des Auftraggebers liegen. Er oder sie könnte eifersüchtig reagieren, wenn Sie sich durch PR-Maßnahmen einen guten Ruf verschaffen.

Vergessen Sie nicht, dass letztlich Ihr Auftraggeber „Eigentümer" des Projektes ist. Sprechen Sie deshalb Ihre geplanten Öffentlichkeitsarbeiten sorgfältig ab. Machen Sie auch Ihrem Team klar, dass Sie zwar gerne individuelle Wünsche sich zu profilieren fördern, aber immer nur in Abstimmung mit dem Auftraggeber!

4. Legen Sie die inhaltlichen Schwerpunkte fest

- Welche Botschaften sollen bei den Zielgruppen ankommen?
- Worüber wollen Sie informieren?
- Welche Themen interessieren die Zielgruppen?
- Wie tief gehen Sie in technische Details?
- Welche Einblicke geben Sie in Ihre Arbeitsweise und interne Organisation?
- Worüber geben Sie keine Informationen?

5. Berücksichtigen Sie auch die sieben Sympathieförderer für Sie und Ihr Projekt

PR-Maßnahmen für Ihr Projekt und auch für Sie und Ihre Mitarbeiter sind Werbemaßnahmen. Es geht nicht nur um reine Informationen, um die Vermittlung von Fakten. Oft ist es fast noch wichtiger, welche emotionalen Botschaften Sie vermitteln. Das kann über die Gestaltung von visuell ansprechenden Präsentationsfolien geschehen, über einprägsam formulierte Slogans, über ein Logo als Identifikationsträger oder sonstiges.

Fordern Sie Ihre Mitarbeiter auf, sich zu informieren, wie andere Projekte oder Abteilungen im Unternehmen ihre PR gestalten. Wer arbeitet wie und mit welchem Erfolg am eigenen Image? Schauen Sie sich auch die PR-Maßnahmen anderer Unternehmen an. Auch hierbei ist Kreativität nicht nur dann gut, wenn ausschließlich eigene originelle Ideen produziert werden. Kreativ ist es auch, sich von guten und schlechten Vorbildern anregen zu lassen.

 PR für Ihr Projekt

Beantworten Sie mit Ihren Mitarbeitern folgende Fragen:
- ▶ Bei wem braucht Ihr Projekt ein gutes Image?
- ▶ Welches Image soll vermittelt werden?
- ▶ Wie kann das Projekt zur Selbst-PR von Ihnen und Mitarbeitern genutzt werden?

▶ Wie steht der Auftraggeber zur Projekt-PR?
▶ Wo können Sie sich Anregungen von anderen Projekten holen?
▶ Nach welchem Konzept wollen Sie Ihre PR gestalten?
▶ Wer übernimmt welche PR-Aufgaben?
▶ Wie stimmen Sie sich intern und mit dem Auftraggeber zu allen öffentlichkeitswirksamen Maßnahmen ab?
▶ Wie sichern Sie den Erfolg Ihrer PR?

Ganz egal, was Sie für Ihr Image tun, Sie müssen auf positives Interesse Ihrer Zielgruppe stoßen. Sie müssen Sympathie finden. Die sieben Sympathieträger für Ihr Projekt sind:

- *Wohlwollen der Mächtigen*
  Ihr Projekt wird positiv wahrgenommen, wenn bekannt ist, dass wichtige Manager zum Beispiel des Vorstandes auf Ihrer Seite stehen.
- *Verständlichkeit*
  Verschanzen Sie sich gegenüber Ihrer Zielgruppe niemals hinter Ihrem überlegenen Fachwissen zur Sache. Präsentieren Sie immer so, dass Laien Sie verstehen und Ihre Entscheidungen nachvollziehen können.
- *Fairness*
  Vor allem, wenn Ihr Projekt für Betroffene tatsächliche oder so wahrgenommene Einschränkungen bedeutet, müssen Sie sich als fairer Partner zeigen. Machen Sie gerne Werbung, aber weichen Sie niemals von der Wahrheit ab. Verschleiern Sie nichts und fälschen Sie keine Fakten.
- *Erfolgsaussicht*
  Ihr Projekt wird abgelehnt, wenn der Eindruck entsteht, dass Sie die Arbeit nicht im Griff haben, Termine und Budgets überziehen, Pannen verursachen und womöglich die Ziele nicht oder nur teilweise erreichen.
- *Optimismus*
  Betonen Sie die positiven Seiten Ihres Projektes. Auch wenn Sie auf Einschränkungen oder Probleme hinweisen müssen, sollten

Sie diese immer mit Lichtblicken verbinden, dass letztlich doch alles auf positive Ergebnisse hinausläuft.

- *Begeisterung*
  Machen Sie deutlich, dass Ihnen und Ihrem Team das Projekt selber Spaß macht. Sie stehen voller Überzeugung zur Aufgabe und tun sie gerne.
- *Kontaktfreude*
  Zeigen Sie, wie gerne Sie und Ihre Mitarbeiter mit Ihrer Zielgruppe kommunizieren. Holen Sie sich Anregungen, fragen Sie nach deren Ideen und Wünschen, seien Sie offen für Feedback und Fragen.

Erarbeiten Sie mit Ihren Mitarbeitern Ideen, wie Sie die sieben Sympathieförderer für sich einsetzen können. Wie wollen Sie Ihre PR gestalten?

6. Definieren und verteilen Sie die Aufgaben für PR-Maßnahmen

Überlegen Sie, in welcher Form, wann und durch welche Medien die Öffentlichkeitsarbeit stattfinden soll.

- Vor wem bieten sich Präsentationen an? Mit welchen Inhalten? Wie?
- In welchen internen oder externen Medien können Sie publizieren?
- In welchen Meetings oder Arbeitskreisen können Sie Ihr Projekt vorstellen?

Erarbeiten Sie im Team ein gemeinsames Konzept zur Umsetzung einer PR-Strategie. Sorgen Sie dafür, dass Ihre Mitarbeiter sich genau einteilen, wer welche Aufgaben dabei übernimmt und wie die Aktivitäten aufeinander abgestimmt werden. Vor allem bei öffentlichkeitswirksamen Maßnahmen muss Ihr Projekt ein einheitliches Bild abgeben!

7. Reflektieren Sie die Erfolge

Besprechen Sie sich regelmäßig zu den Erfolgen der PR-Maßnahmen. Verfolgen Sie im Laufe des Projektes, welches Ansehen Ihr Projekt bei den Zielgruppen hat. Überlegen Sie, wann und wie Sie etwas für Ihr Image tun wollen.

Nach jeder Präsentation und jeder Publikation reflektieren Sie, was gut war, was nicht so gut geklappt hat, was man für das nächste Mal ändern sollte.

Sprechen Sie sich auch regelmäßig mit Ihrem Auftraggeber ab. Überlegen Sie, welches Ansehen das Projekt hat, wie die Zusammenarbeit mit Betroffenen klappt und welcher Eindruck sich darüber Außenstehenden vermittelt.

8.2   So gliedern Sie Ihre Präsentationen und Publikationen professionell

Eine gute Gliederung ist schon der halbe Erfolg Ihrer Präsentation oder Publikation. Für die Gliederung gibt es verschiedene Möglichkeiten. Lassen Sie sich von den hier vorgestellten Beispielen anregen:

Beispiel: Vorstellen des Projektes und seines Produktes

Diese Gliederung ist brauchbar für jede Präsentation Ihres Projektes zum Beispiel aus Anlass eines erreichten Meilensteins oder zur Information für Betroffene im Verlauf des Projektes oder für interessierte Zuhörer, die sich einmal informieren wollen. Sie eignet sich auch für Erfahrungsberichte zur Publikation in der Fachpresse.

1. Projektziele

Was soll durch das Projekt erreicht werden? Welches Ergebnis oder Produkt soll entstehen? Wo und wie wird das Produkt zum Einsatz kommen?

2. Auswirkungen auf Betroffene

Was kommt auf die Betroffenen an Neuerungen zu? Wovon müssen Betroffene sich verabschieden? Was werden sie in Zukunft anders machen müssen? Wie können sie sich auf das Neue vorbereiten? Wer wird sie beraten und unterstützen?

3. Aufgabengebiet und Aufgabenumfang

Was gehört zu den Aufgaben des Teams? Welche Aufgaben werden nicht oder von anderen übernommen?

4. Kosten und Nutzen

Wozu ist das Projekt gut? Wem nutzt es? Wie rechtfertigen sich die Kosten und Aufwände? Ab wann werden sich die erwarteten Nutzen einstellen? Wie und woran lässt sich der Erfolg des Projektes nachweisen?

5. Geplantes Vorgehen

Wie wird das Ziel erreicht? Wie geht das Projektteam vor? Wann werden welche Meilensteine erreicht? Zu welchen Zeitpunkten werden welche Unterstützungen durch Außenstehende benötigt?

6. Aktueller Stand der Arbeit

Was ist bereits fertig? Wie ist die Arbeit bisher verlaufen? Welche neuen Erkenntnisse haben sich aus der praktischen Arbeit im Projekt ergeben? Ist das Team noch im Plan?

7. Geplantes weiteres Vorgehen

Was wird als nächster Schritt in Angriff genommen? Wann ist der nächste Meilenstein erreicht? Was ist für die Weiterarbeit zu erwarten? Welche weiteren Hilfen in der Zusammenarbeit werden gebraucht?

8. Beteiligte und Ansprechpartner

Wer ist im Projekt wofür zuständig? An wen können Betroffene und Interessierte sich wenden? Bis wann können wozu noch Änderungswünsche angenommen werden?

Beispiel: Vorstellen von interessanten Neuigkeiten

Diese Gliederung können Sie verwenden, wenn Sie im Rahmen Ihres Projektes auf neue Ideen gestoßen oder zu neuen Erkenntnissen gekommen sind. Oder Sie haben im Projekt eine technische Neuerung ausprobiert und wollen die Erfahrungen darstellen. Vielleicht hat jemand im Team eine Erfindung gemacht oder eine neue Technik entwickelt, die auch für andere Vorhaben brauchbar sein kann.

1. Vorstellung des Projektes

Stellen Sie kurz vor, um welches Projekt es geht und in welchem Umfeld sich das Interessante ereignet hat.

2. Interessante Neuigkeit

Präsentieren Sie das Interessante. Was ist es? Wie sind Sie darauf gekommen? Wie hat es sich Ihnen dargestellt? Was ist das Besondere daran? Welche Erfahrungen möchten Sie dazu weitergeben?

3. Einschätzung des Neuen

Welche Potenziale sehen Sie in der Sache? Was sind in Ihren Augen mögliche Chancen in anderen Zusammenhängen? Wie werden Sie nach diesen neuen Erkenntnissen weiterarbeiten? Was schlagen Sie Interessierten dazu vor? Was ist aus Ihrer Sicht daran noch zu erforschen?

4. Geplantes weiteres Vorgehen

Welche Konsequenzen ergeben sich daraus für Ihr Projekt?

5. Kontaktangebote

An wen können sich Interessierte wenden, die mehr zu der Sache erfahren oder selbst etwas beitragen wollen?

Beispiel: Vorstellen einer Problemlösung

Diese Gliederung wählen Sie, wenn durch Ihr Projekt ein Problem gelöst oder eine Schwachstelle behoben werden soll.

1. Das Problem

Sie schildern das Problem, welches Ihr Projekt erforderlich gemacht hat. Nennen Sie auch die Schäden oder Nachteile, die sich weiterhin ergeben hätten, wäre das Projekt nicht initiiert worden.

2. Bisherige Lösungsversuche

Was wurde bisher unternommen, das Problem in den Griff zu bekommen? Wieso haben die bisherigen Bemühungen nicht ausreichend Erfolg gebracht? Wie kam es zur Entscheidung für Ihr Projekt? Wieso erhofft man sich von Ihrem Projekt die Lösung?

3. Ihr Vorgehen zur Lösung des Problems

Wie werden Sie und Ihr Team vorgehen, um das Problem zu lösen? Warum glauben Sie, dass Ihr Weg der Richtige ist?

4. Vor- und Nachteile Ihrer Lösung

Stellen Sie sich offen zu den Kosten, Aufwänden, Risiken und möglichen Einschränkungen, die sich durch Ihr Projekt ergeben. Vor allem, wenn die Zielgruppe kritisch zum Projekt steht, sollten Sie nichts beschönigen. Stellen Sie dazu die Vorteile gegenüber.

5. Appell an die Zielgruppe

Appellieren Sie an das Verständnis und die Bereitschaft, Sie zu unterstützen. Nennen Sie Ihre Erwartungen an eine Zusammenarbeit.

Beispiel: Reaktion auf einen aktuellen Anlass

Nach diesem Konzept können Sie vorgehen, wenn Ihr Projekt durch irgendeinen Anlass positive oder negative Aufmerksamkeit auf sich gezogen hat.

1. Aufgreifen des bekannt gewordenen Anlasses

Gehen Sie zuerst auf das ein, was der Zielgruppe über Ihr Projekt bekannt geworden ist. Wenn Sie mit unterschiedlichen oder falschen Informationsständen rechnen müssen, sollten Sie zuerst die Fakten klarstellen.

2. Stellungnahme zum Anlass

Wie stehen Sie und Ihr Team zu dem Anlass? Haben Sie eine andere Sicht als Ihre Zielgruppe oder als Ihre Kritiker?

3. Konsequenzen für das Projekt

Wie wird sich der konkrete Fall auf das Projekt oder auf Ihr weiteres Vorgehen auswirken? Welche Konsequenzen ziehen Sie daraus? Was werden Sie ab sofort anders machen?

4. Auswirkungen auf Betroffene

Hat der konkrete Fall Auswirkungen auf die Betroffenen? Wie sollen sie sich möglicherweise vor Nachteilen schützen? Wie können sie Chancen nutzen? Welche Zusammenarbeit wünschen Sie sich mit der Zielgruppe?

5. Geplantes weiteres Vorgehen

Was werden Sie und Ihr Team jetzt tun, um das Projekt zum Erfolg zu führen? Was sind die nächsten Arbeitsschritte und Meilensteine?

6. Kontaktmöglichkeiten

An wen können sich Interessierte wenden, die gerne mehr erfahren oder sich zur Mitarbeit melden möchten?

Vor allem sehr technische Projekte können dazu verleiten, dass Sie und Ihre Mitarbeiter als Fachprofis eine Sprache verwenden, die Ihrer Zielgruppe nicht geläufig ist. Es ist nicht nur sinnlos, Präsentationen zu halten und Berichte zu veröffentlichen, die nicht verstanden werden, es ist schädlich für Sie:

▶ Der Gebrauch von unverständlichen Fachbegriffen kann Ihnen als Arroganz ausgelegt werden. Das kostet Sympathie.

▶ Wenn ohnehin bei Betroffenen gegen das Projekt Vorbehalte bestehen, könnte man Ihnen auch bewusste Verschleierung von unangenehmen Tatsachen durch vorsätzliches „Fachchinesisch" unterstellen. Das steigert unnötig das Misstrauen und stachelt vermehrt den Widerstand gegen Ihr Projekt an.

▶ Für Ihre Karriere kann es schädlich sein, wenn Sie sich durch zu viel Fachsprache als zu fachorientiert darstellen. Ihre Vorgesetzten glauben Ihnen dann zwar Ihr Expertentum, zweifeln jedoch an Ihrer Eignung für den Aufstieg weg von Facharbeit, hin zu Führung und Management.

Auf der anderen Seite haben Sie und Ihre Mitarbeiter vielleicht Bedenken, „zu einfach" zu formulieren. Sie fürchten dann um das Niveau Ihrer Darstellungen. Ein guter Ausweg aus dem Dilemma ist die Orientierung an der „Tagesschau" oder den Nachrichtensendungen der anderen Fernsehprogramme. Manche Rhetoriker sprechen auch von „Tagesschau-Deutsch". Dabei handelt es sich um eine Sprache, die einer breiten Öffentlichkeit auch komplexe Sachverhalte aus Politik und Wirtschaft verständlich vermittelt ohne „niveaulos" zu werden.

Wenn sich Ihre Publikationen und Präsentationen an eine Zielgruppe aus dem Fach richten, dürfen Sie gerne anspruchsvolle Fachsprache verwenden. Wenn Sie vor Laien reden oder für Laien schreiben, dann überlegen Sie mit Ihren Mitarbeitern: Wie würde ein Nachrichtensprecher unsere Textvorlage aufbereiten?

Ziehen Sie dazu auch die Kompetenz Ihrer Sekretärin heran. Wenn es um sprachliche Ausdruckskraft geht, sind Sekretärinnen fast immer unschlagbare Spitze! Die Damen verbringen einen Großteil ihrer Arbeitszeit damit, kreativ mit Sprache umzugehen.

 Vorbereiten einer Präsentation oder einer Publikation zu Ihrem Projekt

1. Legen Sie die Zielgruppe fest an die Sie sich wenden wollen.
2. Formulieren Sie das Ziel oder die Kernbotschaft der Präsentation oder der Publikation.
3. Entwickeln Sie eine Gliederung.
4. Sammeln Sie die zu vermittelnden Inhalte pro Gliederungspunkt.
5. Schreiben Sie die Erstversion des Manuskriptes.

6. Überarbeiten Sie die Sprache entsprechend dem fachlichen Verständnis der Zielgruppe.
7. Entwickeln Sie die Visualisierungen zum Manuskript.
8. Versichern Sie sich der Zustimmung des Auftraggebers zu Ihrer geplanten Veröffentlichung.
9. Legen Sie fest, wie Sie nach der Präsentation oder der Publikation den Erfolg bei der Zielgruppe messen wollen.

Wenn Ihre Präsentation oder Publikation inhaltlich steht, sollten Sie mit Ihren Mitarbeitern noch einmal kreativ an die Sache herangehen und die Gestaltung planen. Wie wollen Sie bildlich darstellen? Wie sollen Texte optisch aufgelockert werden? Wie sollen wichtige Aussagen herausgehoben werden? Wie können neben den sachlichen Inhalten, die sich an die Ratio richten, auch die emotionalen Botschaften vermittelt werden? Wie halten Sie die Begeisterung der Zielgruppe wach? Wie überwinden Sie mögliche Bedenken oder Ängste gegen das Neue? Wie wollen Sie sich als Team freundlich darstellen und deutlich machen, dass Sie für Fragen und Anregungen offen sind?

8.3 Verkaufen Sie Ihre Idee überzeugend

Vielleicht sind Sie noch nicht so weit, dass Sie Public Relation für ein Projekt machen können. Vielleicht müssen Sie erst noch um einen Projektauftrag kämpfen. Sie haben eine gute Idee und brauchen Sponsoren, die Ihnen die Umsetzung ermöglichen. Es kann sich um Ihren direkten Vorgesetzten oder um die Geschäftsleitung handeln, deren Zustimmung und Budgetzuteilung Sie für die Realisierung brauchen. Es kann auch sein, dass Sie sich mit einer Idee selbstständig machen wollen und dafür mögliche Investoren gewinnen wollen.

Wichtig ist, dass Sie die Geldgeber so überzeugen, dass die Ihnen „abkaufen" wie gut und nützlich Ihre Idee ist und warum man in sie investieren sollte.

Verdeutlichen Sie aus Sicht derer, die Ihnen das notwendige Geld oder andere Mittel zur Verfügung stellen sollen, die Vorteile. Als Vorteil nehmen die meisten Menschen das an, was ihnen

- materiellen Gewinn bringt,
- Kosten erspart,
- Schutz vor möglichen Schäden bietet,
- Arbeit oder Unannehmlichkeiten erspart,
- bisher ungelöste Probleme abnimmt,
- zu mehr Bequemlichkeit oder Komfort verhilft,
- bei der Erreichung eigener Ziele hilft,
- Sicherheit gegen Risiken bietet,
- ein besseres Ansehen oder mehr Beliebtheit bei Dritten verschafft,
- mehr Autonomie und Gestaltungsmöglichkeiten gibt,
- zu mehr Macht verhilft oder
- Spaß und Unterhaltung bietet.

Setzen Sie Ihre Kreativität dahingehend ein, Ihre Idee so zu verargumentieren, dass mögliche Investoren den Nutzen für sich selbst höher bewerten als das, was sie Ihnen an Budget, Zeit, Material, Fürsprache oder anderes zugestehen sollen.

Fragen Sie sich nicht, wieso Sie Ihre Idee für gut halten. Fragen Sie lieber:

„Was hat … davon, mir ein Budget von … zu geben?"

„Warum sollte … mir den Auftrag erteilen, das Projekt … durchzuführen?"

„Was könnte … abhalten, mir bei der Umsetzung meiner Idee zu helfen?"

Vielleicht müssen sich Ihre Investoren auch vor eigenen Chefs dafür rechtfertigen, warum sie Ihr Projekt finanzieren oder anders unterstützen wollen. Dann sollten Sie sie mit den notwendigen Argumenten versorgen. Helfen Sie Ihren Sponsoren, ihre Investitionen vor Dritten plausibel und begeisternd zu verargumentieren.

Gehen Sie den Fragen nach:

„Wie kann ... vor Kritikern und Zweiflern begründen, dass meine Idee die Investition von ... rechtfertigt?"

„Wie kann ... bei eigenen Vorgesetzten meine Idee als nützlich verkaufen?"

„Wer könnte versuchen, ... die Unterstützung meiner Idee auszureden? Was kann ... darauf erwidern?"

 Bedenken Sie bitte, dass gute Ideen kostbar sein können. Eventuell müssen Sie damit rechnen, dass Ihnen jemand die Urheberschaft streitig macht. Bevor Sie die Chance haben, Ihre Idee im Rahmen eines Projektes umzusetzen, hat ein anderer sie Ihnen weggeschnappt und kommt vor Ihnen mit der Realisierung heraus.

Es kann Ihnen womöglich auch passieren, dass Ihr Chef sich zwar von Ihnen für Ihre Idee begeistern lässt, Ihnen jedoch die Umsetzung nicht geben will. Dann bekommen nicht Sie die Projektleitung, sondern ein Kollege. Am Ende macht der mit Ihrer Idee Karriere, und Sie gehen als vergessener Urheber leer aus.

Sie müssen einerseits aktiv Ihre Idee verkaufen und andererseits verhindern, dass man Ihnen das Produkt Ihrer Kreativität wegschnappt. Das bedeutet, dass Sie sorgfältig überlegen sollten, wie weit Sie bezüglich der Umsetzung ins Detail gehen. Oft ist es klug, zwar das Was zu verkaufen, jedoch das Wie erst einmal geheim zu halten.

Stellen Sie vor, was Sie in einem Projekt herstellen möchten und wozu das Projektergebnis nützlich sein wird. Behalten Sie jedoch für sich, wie Sie die technische Umsetzung planen. Notfalls sagen Sie ganz offen, dass es Ihr „Betriebsgeheimnis" ist.

Gliedern können Sie die Präsentation Ihrer Idee oder Ihres Projektantrages wie folgt:

1. Stellen Sie Ihre Idee vor.
2. Nennen Sie die Vorteile aus Sicht des Investors oder Sponsors.
3. Veranschaulichen Sie, wie Sie die Idee umsetzen wollen.
4. Begründen Sie, warum Sie mit hoher Wahrscheinlichkeit erfolgreich sein werden.
5. Stellen Sie dar, was Sie vom Investor oder Sponsor erwarten.

Bieten Sie an dieser Stelle Varianten zur Umsetzung und Investition an. Bieten Sie die Wahl zwischen verschiedenen Lösungen zu verschiedenen Kosten und Nutzenausprägungen an. Sie vermitteln damit das Gefühl, dass der Investor nicht nur als Geldgeber, sondern Mitgestalter gefragt ist.

6. Rechnen Sie vor, wie die Nutzen die Investitionen aufheben und schließlich übertreffen.

Seien Sie an dieser Stelle möglichst präzise und beweisen Sie, was bereits beweisbar ist. Zeigen Sie aber auch offen, wo Sie von Annahmen ausgehen und worauf Sie Ihre Annahmen begründen.

7. Nennen Sie mögliche Risiken offen aber nicht zu drastisch.

Zeigen Sie auf, wie Sie die Risiken gering halten und wie Sie sich auf mögliche Probleme vorbereiten werden.

8. Fragen Sie den Investor oder Sponsor nach eigenen Vorschlägen und Änderungswünschen.

Gehen Sie möglichst kooperativ auf Vorschläge ein. Je mehr sich Ihr Geldgeber als Mitgestalter erlebt, desto leichter wird es später im Bedarfsfall für Sie, eventuell doch noch einmal um eine Budgeterweiterung oder um andere Unterstützungen zu bitten.

 Machen Sie Ihren Mitarbeitern bewusst, dass gute Arbeit und zuverlässige Zielerreichung allein nicht für den Erfolg reichen. In der heutigen Zeit spielt Werbung eine große Rolle. Alles wird nach dem beurteilt, wie es wahrgenommen wird. Das gilt für Ihre Projekt ebenso wie für Sie selbst. Wer auf PR verzichtet, läuft Gefahr, übersehen oder unterschätzt zu werden. Womöglich heftet sich sogar ein anderer Ihren Erfolg an!

Auf der anderen Seite hebt ein erfolgreich durchgeführtes und erfolgreich vermarktetes Projekt Ihr Ansehen. Weder Sie noch Ihre Mitarbeiter sollten sich die Chance entgehen lassen!

Bedenken Sie bei allen Präsentationen und Publikationen immer, dass sie aus der Sicht der Zuhörer oder Leser gestaltet sein müssen. Dass Sie von Ihrem Projekt überzeugt sind, ist klar. Wichtig bei der PR ist die Frage: Wie überzeugen Sie Ihre Zuhörer und Leser? Wie machen Sie sich verständlich? Wie halten Sie das Interesse am Thema wach? Wie gliedern Sie so, dass man Ihren Gedanken folgen kann und offen für Ihre Argumente bleibt?

Machen Sie sich bewusst, dass Sie als Urheber einer Idee, den es in den Fingern juckt, sie umzusetzen, eine ganz andere Sichtweise haben als die Person, die Ihnen die Vorzüge der Idee abkaufen soll. Für Sie steckt ein Teil der Begeisterung bereits in der Freude, überhaupt den Geistesblitz gehabt oder zur Erkenntnis gefunden zu haben. Ein weiterer Teil Ihrer Begeisterung steckt auch in der Lust, sich praktisch an die Umsetzung zu machen.

Das sind Freuden, die ein Investor oder Sponsor nicht hat. Der will wissen, wieso es gut ist, sich von Geld oder anderen Mitteln zu trennen oder sich Mühe damit zu machen oder das Risiko der Befürwortung einzugehen.

Verkaufen bedeutet immer, dass Sie aus Sicht der Person die Vorzüge verargumentieren, die den „Schmerz der Trennung vom Geld" tragen soll!

9 Arbeiten Sie an der Zukunft – Pushen Sie Ihren Erfolg

9.1 Verbessern Sie Ihre Ideen

Wenn Sie Ihr Projekt zum Erfolg geführt haben, dann wollen Sie sich vermutlich auch in Zukunft die Freude am kreativen Denken, am Gestalten von Neuem und am Erreichen von Zielen erhalten. Stillstand ist Rückschritt. Dieser Spruch gilt in der schnelllebigen heutigen Zeit mehr denn je. Sie müssen, wenn Sie als Profi auf Dauer im Geschäft bleiben wollen, ständig Neuerungen bringen, sich an geänderte Anforderungen anpassen, neue Zielgruppen erschließen, neue Ideen für weitere Projekte generieren. Sie brauchen auch für Ihre eigene geistige Fitness immer wieder die Herausforderung, sich an neuen Ideen zu versuchen. Kreativität, die nicht genutzt wird, verkümmert.

Schauen Sie sich in Ihrem beruflichen Umfeld um. Überall finden sich die Menschen, die als Bremser und Bedenkenträger Veränderungen Widerstand entgegenbringen. Vermutlich mussten Sie selbst als Projektleiter gegen die „Lähmschicht" von Beharrern kämpfen. Schauen Sie sich auch in der Unternehmenslandschaft um. Sie werden die Beispiele finden, wo ehemals erfolgreiche Gründer eine damals tolle kreative Idee zum Erfolg geführt haben und seither daran festhalten. Sie können es sich nicht vorstellen, dass das, was sie damals bahnbrechend ins Leben gerufen haben, irgendwann von noch Neuerem überholt wurde. Nicht selten kranken Unternehmen daran, dass der ehemals geniale Gründer zu lange am Ruder bleibt und Modernisierungen verhindert.

Ganz egal, ob Sie in Ihrem Projekt ein Produkt hergestellt und auf den Markt gebracht oder im Unternehmen neue Verfahren eingeführt oder etwas anderes geleistet haben, gehen Sie davon aus, dass mit der Fertigstellung sofort die Alterung Ihres Ergebnisses beginnt. Gehen Sie davon aus, dass sich um Ihr Projektergebnis herum sofort die Bedürfnisse der Benutzer oder Betroffenen ändern, dass techni-

sche Fortschritte modernere Verfahren möglich machen, dass gesellschaftliche Änderungen die Trends in andere Richtung lenken oder
sich sonstwie die Gegebenheiten entwickeln.

Wenn Sie als kreativer Mensch Schritt halten wollen, müssen Sie im
Grunde sofort damit beginnen, über mögliche Verbesserungen Ihrer
Ideen nachzudenken. Das machen Sie so lange, bis Ihr Projektprodukt sich dem Ende seines Lebenszyklusses nähert und durch etwas
ganz Neues ersetzt werden muss.

Gehen Sie zur Verbesserung Ihrer Ideen vier Wege:

1. Reflektieren Sie noch einmal kreativ mit Ihrem Team.

Unmittelbar nach Abschluss des Projektes sollten Sie noch einmal mit
Ihren Mitarbeitern zu einem Brainstorming zusammenkommen. Sie
haben gemeinsam das Projekt zum Ziel geführt und dabei etliche
Probleme bewältigt. Im Team sind Ideen entstanden und verworfen
worden. Entscheidungen wurden getroffen und oft erst nachträglich
wirklich in ihrer Tragweite erkannt. Sie und Ihre Mitarbeiter haben
sich zum Projekt das notwendige Wissen beschafft. Sie haben experi-
mentiert und ausprobiert. Sie haben mit Außenstehenden zusam-
mengearbeitet und manchmal auch Probleme mit ihnen bewältigen
müssen.

Auf der Basis dieser gemeinsamen Erfahrungen, sollten Sie und Ihr
Team noch einmal Ideen im Brainstorming sammeln:

• Wenn Sie dieses Projekt, mit dem Wissen von heute, noch einmal
  von vorne beginnen könnten, was würden Sie anders machen?
• Welche Erfahrungen nehmen Sie aus diesem Projekt für zukünftige vergleichbare Projekte mit?
• Wenn Ihr Auftraggeber mit dem Wissen von heute noch einmal
  mit Ihnen das Projekt beginnen könnte, welche Anforderungen
  wären ihm wichtig?
• Mit welcher Entwicklung rechnen Sie für die Zukunft Ihres Projektproduktes?
• Was werden die Betroffenen und Benutzer des Produktes in zwei
  (fünf oder mehr) Jahren brauchen?

Sie und Ihre Teammitglieder stecken unmittelbar nach Abschluss des Projektes noch so tief in der Sache, dass Sie sich gut auskennen. Sie haben sich jedoch auch bereits gedanklich so weit aus der nun erledigten Arbeit gelöst, dass Sie darüber hinaus in die Zukunft blicken können. Lassen Sie diesen wertvollen Zeitpunkt nicht verstreichen, ohne noch einmal einen Kreativ-Workshop gemeinsam durchzuführen!

2. *Suchen und pflegen Sie engen Kontakt zu Betroffenen und Benutzern Ihres Projektproduktes.*

Vor allem, wenn die Anfangsprobleme nach der Einführung Ihres Projektproduktes überwunden sind, sollten Sie den Kontakt zu Betroffenen und Benutzern suchen. Gehen Sie folgenden Fragen nach:

- Wie wird mit dem Produkt gelebt und gearbeitet?
- Welche Funktionen werden besonders intensiv benutzt und welche nicht?
- Wie weicht die tatsächliche Nutzung des Produktes von dem ab, womit Sie bei der Herstellung gerechnet haben?
- Wie stehen die Benutzer und Betroffenen dazu? Was hätten sie lieber anders gehabt?
- Gibt es bereits offene Bedarfe bezüglich neuer Anforderungen?
- Wenn das Produkt erweitert werden sollte, was würden die Benutzer sich wünschen?
- Wie sehen die Benutzer unser Projektprodukt im Vergleich zu anderen?

3. *Erweitern Sie Ihr Wissen im Fachgebiet.*

Verfolgen Sie unbedingt, wo und von wem technische Neuerungen entwickelt werden. Pflegen Sie Kontakte zu Fachexperten und diskutieren Sie mit ihnen über das, was sich am Markt tut und vermutlich demnächst ändern wird.

Sie haben sich durch Ihr erfolgreiches Projekt als Profi bei Ihrem Auftraggeber und Ihren Vorgesetzten oder bei Ihren Kunden einen Namen gemacht. Den sollten Sie halten. Verschaffen Sie sich stets aktuelle Informationen und machen Sie sich auch nach dem Projekt weiterhin zum Ratgeber bezüglich des Sachgebietes.

4. *Halten Sie den Kontakt zum Auftraggeber.*

Wer Ihnen einmal einen Projektauftrag gegeben hat, tut das gerne bei zukünftigen Vorhaben wieder. Wichtig ist, dass Ihr Auftraggeber Ihnen glaubt, dass Sie der beste Profi und der zuverlässigste Partner dafür sind.

Sie sollten etwa vier bis sechs Monate nach Einführung Ihres Projekt-produktes Kontakt mit dem Auftraggeber aufnehmen. Fragen Sie, wie sich Ihr Produkt in der Praxis bewährt. Fragen Sie, ob sich der er-wartete Nutzen eingestellt hat. Lassen Sie sich die Erfahrungen des Auftraggebers mit der Sache schildern. Klopfen Sie ab, ob sich dessen Wünsche und Bedarfe bereits ändern. Vielleicht können Sie ein An-gebot zu einer Erweiterung der Funktionen unterbreiten. Vielleicht tauchen auch schon die ersten Ideen zu einer Modernisierung auf.

Pflegen Sie ab dieser Kontaktaufnahme nach vier bis sechs Monaten die Beziehung zum Auftraggeber. Wenn er oder sie demnächst ein Folgeprojekt in Auftrag geben will, haben Sie gute Chancen, den zu bekommen. Das gibt Ihnen beiden den Vorteil, dann mit einem be-kannten Partner zu arbeiten. Auf der Vertrauensbasis werden Sie noch erfolgreicher sein als beim ersten Projekt.

Vielleicht wollen Sie sich auch einmal beruflich verändern und brauchen Referenzen. Ein zufriedener Auftraggeber, der auch nach dem Projektabschluss Ihr Gesprächspartner geblieben ist, ist Ihre beste Empfehlung bei zukünftigen Arbeitgebern oder bei zukünfti-gen Kunden Ihres eigenen Geschäftes.

9.2 Seien Sie „Zukunftsforscher"

Wirklich erfolgreich werden Sie, wenn Sie es schaffen, nicht nur Projekte im Auftrag zum Ziel zu führen. Sie brauchen die Fähigkeit, sich offensiv Projekte „an Land ziehen" zu können. Dafür müssen

Sie Ihre Kreativität und Ihr Gespür für zukünftige Entwicklungen mobilisieren. Warten Sie nicht, bis andere auf Ideen kommen und Sie mit Realisierungsaufträgen betrauen. Seien Sie die Person, die an potenzielle Auftraggeber oder an die Unternehmensleitung herantritt und Projekte vorschlägt. Wenn Sie Ihr eigenes Unternehmen leiten, seien Sie im Vergleich zum Wettbewerb mit der Nase vorn, wenn es um neue Produkte oder Dienstleistungen geht. Warten Sie nicht auf neue Wünsche der Kunden, wecken Sie lieber noch schlummernde Bedarfe. Steuern Sie die Trends am Markt mit.

Manche Menschen gelten als besonders intuitiv oder instinktsicher, weil sie immer schon vor anderen wissen, was demnächst gefragt sein wird. Diese Intuition beruht fast nie auf besonderer Begabung oder auf plötzlichen Geistesblitzen. Sie ist in fast allen Fällen das Produkt kreativer Neugier und phantasievoller Beschäftigung mit möglichen zukünftigen Entwicklungen.

Unter Innovationskraft versteht man die Fähigkeit, Veränderungen, Verbesserungen und Neuerungen systematisch zu produzieren.

Die Ziele können dabei sein:

• neue Produkte und Dienstleistungen auf den Markt zu bringen,
• sich selbst oder das eigene Unternehmen für neue Anforderungen fit zu halten oder
• Trends und Entwicklungen aktiv mitzugestalten.

Allerdings darf man mit neuen Ideen auch nicht allzu visionär sein, wenn man noch selbst in den Genuss der Anerkennung und der Erträge kommen will. Versuchen Sie deshalb nie, zu weit in die Zukunft zu gehen. Wenn der Markt noch nicht reif für Ihre Ideen ist, laufen Sie Gefahr, als „Spinner" abgetan zu werden. Sie können natürlich langfristige Ziele verfolgen oder visionär denken, dann aber sollten Sie kritisch prüfen, was Sie davon bereits veröffentlichen wollen. Auch Ihre Auftraggeber werden kaum geneigt sein, Ihre Projektvorhaben zu finanzieren, wenn sie nicht in vertretbarer Zeit mit konkreten Nutzen daraus rechnen können.

Das bedeutet für Sie: Denken Sie gerne langfristig aber planen und realisieren Sie bevorzugt mittel- und kurzfristig. Dann sind Sie immer noch vor denjenigen, die gar nicht selbstinitiiert auf neue Projektideen kommen.

Innovationskraft ist eine Form der Kreativität. Im Unterschied zur Kreativität bei der Lösung von bekannten Problemen oder bei der Generierung von Ideen zu einem vorhandenen Projektauftrag, tastet sie sich in den Bereich von Vermutungen und Annahmen über Zukünftiges vor. Sie geht gedanklich dem Aktuellen voraus und zieht dabei verschiedene Möglichkeiten, wie sich die Dinge entwickeln könnten, in Erwägung. Dabei werden durchaus auch Erfahrungen aus der Vergangenheit auf die Zukunft übertragen. Allerdings ändern sich die gesellschaftlichen Phänomene und die technischen Möglichkeiten heute so schnell, dass das reine Aufbauen auf Erfahrungen nicht reicht.

Aus der Vergangenheit kennen wir Beispiele, dass auch kreative Menschen die Zukunft völlig falsch einschätzen können. Beispiele dafür sind:

In den Anfangszeiten des Automobils glaubten auch deren genialen Entwickler noch, es werde sich dabei letztlich immer um ein Luxusprodukt für wenige Reiche handeln.

In den Anfangszeiten von BTX ging man davon aus, dass diese Technik sich so durchsetzen würde wie Telefon, Radio und Fernsehen. BTX-Anschluss in jedem Haushalt schien die selbstverständliche Konsequenz aus den neuen Möglichkeiten zu sein.

Hingegen galt das „world-wide-web" lange Zeit als Spielerei für wenige Technikbegeisterte oder als effiziente Vernetzungsmöglichkeit für die Rechner weltweit agierender Konzerne. Internet in jedem Haushalt war jenseits der Vorstellungskraft.

Bücher und andere Printmedien wurden schon mehrfach totgesagt. Wer soll noch Bücher aus Papier kaufen, wenn man sich spannende Romane und Zeitschriften von zentralen Servern auf Lesegeräte ziehen kann? Und doch kaufen die Leser immer noch Bücher aus Papier.

Eine Garantie, dass Sie mit Ihren Zukunftsforschungen richtig liegen, werden Sie nicht haben. Es kann immer anders kommen, als Sie dachten. Das sollte Sie jedoch nicht abhalten, Zukunftsforschung zu betreiben mit dem Ziel, möglichst der oder die Erste zu sein, wenn es darum geht, neue Chancen zu nutzen und Prestige-Projekte „an Land zu ziehen".

Dabei geht es um: „Voraus-Nachdenken" mit plausiblen Vorstellungen über die Zukunft.

Sie gehen von Annahmen aus und analysieren, was sich daraus vermutlich für Entwicklungen ableiten lassen.

Dazu brauchen Sie: Aktuelles Wissen und eine aufmerksame Beobachtung.

Sie haben alle Antennen auf Empfang und bekommen mit, was sich am Markt tut und wo sich etwas ändert, was auf den Markt einwirkt.

Dazu nutzen Sie: Ihre „visionäre Kreativität".

Sie lassen Ihre Gedanken weit voraus greifen und entwickeln heute Ideen zu Realitätsmöglichkeiten, die erst morgen Wirklichkeit werden oder werden könnten. Sie generieren jetzt schon Ideen, wie Bedarfe von morgen gedeckt oder auch erst geweckt werden. Sie schmieden heute Pläne, wie Sie zukünftige Trends in Richtungen lenken, die Ihnen nutzen.

9.3 Leiten Sie ein Zukunftslabor

Ein so genanntes Zukunftslabor wird in der Regel auch als Projekt neben den Linienfunktionen geführt. Es kann als regelmäßig und dauerhaft arbeitendes Expertenteam oder für bestimmte Fragestellungen temporär eingerichtet werden. Ein Zukunftslabor ist eine „Werkstatt für Innovationen". Hier werden Zukunftsbilder entwickelt, die dann als Basis oder Auslöser für weitere Projekte dienen.

Es geht dabei letztlich immer um drei Kernfragen:

• Wie wird sich die Zukunft entwickeln?

- Welche Chancen haben wir, diese Entwicklungen zu beeinflussen?
- Was müssen wir tun, um in Zukunft auch noch erfolgreich zu sein?

Die Anwendungsgebiete eines Zukunftslabors können sein:

Entwicklung unternehmerischer Visionen

Sie würden dafür zum Beispiel Szenarien für das Unternehmen im Jahr 2011 aufbauen. Sie beschaffen sich Zahlen zu demographischen Entwicklungen und informieren sich über die erwarteten technischen Neuerungen bis zu dem Stichjahr. Dazu kombinieren Sie plausible Annahmen. Es kann sich um ein bestimmtes Verhältnis des Dollar zum Euro handeln, um mögliche politische Gegebenheiten in Partnerländern oder sonstiges.

Die verschiedenen Szenarien geben Ihnen verschiedene komplexe Bilder einer denkbaren Zukunft. Damit vor Augen lassen sich unternehmerische Visionen entwickeln.

Anregung von Ideen für neue Produkte und Dienstleistungen

Sie kreieren mit Ihrem Team Weiterentwicklungen von bestehenden Produkten oder erfinden völlig neue. Auch dazu müssen Sie von Annahmen über die zu erwartenden Bedürfnisse Ihrer Zielgruppe ausgehen. Sie werden sich auch fragen, ob es völlig neue Zielgruppen für Sie geben wird, die heute noch gar nicht zu Ihren Kunden gehören oder heute noch gar nicht existieren.

Betrachten Sie beispielsweise die Zielgruppenentwicklung für Anbieter von Dienstleistungen für alte Menschen. Ganz früher lebten die Alten innerhalb der Familien. Danach kam die Entwicklung, dass diejenigen die nicht mehr allein, aber auch nicht in Familien leben können, leider ins Altenheim mussten. Damit bekamen diese Heime zunächst ein eher negatives Image. Mit der Zeit stiegen die finanziellen Möglichkeiten und auch die Ansprüche der Zielgruppe. Altenheime als Auffangeinrichtungen für einsame Alte mauserten sich zu eleganten Residenzen in denen die Bewohner unabhängig von familiären Bindungen und befreit von lästigen Alltagsarbeiten bequem leben. Dann tauchte eine völlig neue Zielgruppe auf: Senioren, die als ehemalige Gastarbeiter in Deutschland bleiben werden.

Betrachten Sie auch die Zielgruppenentwicklung von Handy-Produzenten. Es fing damit an, dass manche Menschen aus wichtigen beruflichen Gründen ständig erreichbar sein mussten. Dann wurden mobile Telefone zu Statussymbolen all derer, die wichtig wirken wollten. Schließlich befand sich in jedem zweiten Schultornister ein solches Gerät. Solche Entwicklungen haben Konsequenzen für die Ausstattung mit Funktionen, die Farb- und Formgestaltung der Produkte, für Werbestrategien und so weiter.

Bei neuen Zielgruppen stellen sich Fragen nach deren speziellen Bedarfen im Hinblick auf Produkte und Dienstleistungen heute und in Zukunft. Werden sie sich ähnlich wie bereits vorhandene Zielgruppen verhalten? Werden sie dauerhaft oder nur vorübergehend andere Erwartungen haben? Wie groß wird die Zielgruppe sein? Wie steht es um deren Kaufkraft? Wer von den Wettbewerbern wird sich vermutlich auch um sie bemühen? Was ist mit Individuen, die erst noch in eine Zielgruppe hineinwachsen und mit solchen, die wieder herauswachsen? Welches Image hat die Zielgruppe innerhalb der Gesellschaft? Welches Image strebt sie an?

Entwicklung von Geschäftsstrategien

Sie schauen sich zum Beispiel die neuen Medien an und informieren sich über deren zu erwartende Zukunft. Daraus leiten Sie ab, wie Sie in Zukunft anders werben wollen oder wie Sie in Zukunft Trendsetter in Ihrer Zielgruppe anders ansprechen wollen.

Sie können auch neue Strategien zur Rekrutierung von Nachwuchskräften entwickeln, wenn Sie zunächst Szenarien für Ihr Unternehmen und für den Arbeitsmarkt der Zukunft entwickelt haben.

Eine andere Möglichkeit ist das Aufgreifen von Trends. Es zeichnet sich zum Beispiel immer deutlicher ab, dass es den Konsumenten nicht mehr nur um günstige Einkaufsmöglichkeiten geht. Sie wollen auch wissen, wo und wie Rohstoffe beschafft werden. Sie interessieren sich für die Herstellung der Produkte. Dann werden Sie Strategien entwickeln, wie Sie im fairen Handel mit Partnerländern arbeiten und unter menschenwürdigen Bedingungen produzieren lassen. Dazu gehört dann auch die entsprechende Vermarktungsstrategie.

Dazu gehören dann aber auch Strategien, wie Ihr Unternehmen Einfluss in Partnerländern nehmen kann um vielleicht umweltschädigende Verfahren, Kinderarbeit und ähnliches abzustellen.

Entwicklung neuer Personalführungsmodelle

Sie erkennen den zunehmenden Wunsch der Mitarbeiter nach familienfreundlicheren Zeitarbeitsmodellen und arbeiten dazu ein Konzept aus. Oder Sie entwickeln Strategien für die zunehmende Arbeit mit Freiberuflern, Zeitarbeitern und Mitarbeitern von Auftragnehmern. Dazu brauchen Sie plausible Annahmen über die Zukunft des Berufs- und Freizeitlebens.

Ein anderes Aufgabengebiet kann sich auf die Tatsache beziehen, dass Mitarbeiter heute kaum noch dauerhaft in einem Beruf und auf der Basis einer Ausbildung bis zur Rente arbeiten werden. Was bedeutet es für den Arbeitgeber, wenn das Wissen der Mitarbeiter nicht nur schnell veraltet, sondern von Job zu Job auch die praktischen Erfahrungen kaum noch übertragen werden können? Braucht das Unternehmen eine interne „Schnell-Uni"?

Abschätzungen von möglichen Produktfolgen

Denken Sie an Asbest, Lederspray, Lebensmittelfarben oder cholesterinsenkende Medikamente. Lange Zeit wurden problemlos Produkte am Markt verkauft. Plötzlich stellt sich heraus, welche Schäden daraus entstanden sind. Nicht nur müssen die Produkte sofort aus dem Handel gezogen werden, es können ungeahnte Forderungen an Schadenersatz oder Schmerzensgeld auf das Unternehmen zukommen.

Selbst bei Produkten, deren Schädlichkeit schon immer bekannt war, kann es wider Erwarten zu ruinösen Forderungen von Kunden kommen, die sich geschädigt fühlen. Denken Sie nur an Raucher, die die Zigarettenhersteller verklagen. Was kann das für die Anbieter von Alkoholika bedeuten? Müssen die sich auf Ähnliches einstellen? Was ist mit den Herstellern von Stöckelschuhen oder den Veranstaltern von Bungeespringen? Können die für Schäden am Skelett haftbar gemacht werden?

Auch Dienstleistungen sind nicht dagegen gefeit, zum Thema in Prozessen zu werden. Bankkunden könnten wegen schlechter Beratung ihre Aktienverluste einklagen. Eltern verklagen Lehrer, deren Beratung angeblich oder tatsächlich den beruflichen Chancen der Sprösslinge geschadet haben. Wieder andere Eltern bringen nach erfolgreicher künstlicher Befruchtung die Ärzte vor Gericht, weil ihre Spößlinge sich nicht wie gewünscht entwickeln. Ist das denkbar? Was würde es bedeuten? Was muss man tun?

Es muss sich auch nicht um die Produkte selbst handeln. Auch andere Schäden durch das Unternehmen könnten zu Problemen führen. Welche Forderungen werden vielleicht eines Tages die Länder stellen, deren Bodenschätze heute von Konzernen abgebaut werden? Was könnten Urlaubsländer eines Tages von Reiseunternehmen einklagen, weil deren Hotels und Touristen die Umwelt belastet haben?

Die wichtigste Methode des Zukunftslabors ist die Szenario-Technik.

Für die Szenario-Technik entwickeln Sie mögliche Zukunftswelten unter Berücksichtigung zu erwartender Entwicklungen. Dabei stellen Sie verschiedene „Welten" nebeneinander. Sie können vom „worst case" ausgehen oder von optimalen Entwicklungen oder allen Varianten dazwischen.

Wichtig ist, dass nicht irgendwelche Visionen erdacht werden. Statt dessen gehen Sie vom aktuellen Zeitpunkt aus. Sie betrachten die Einflussgrößen, die vermutlich für Veränderungen wirksam werden.

Dann entwickeln Sie in plausiblen Schritten die „Welten" bis zum vorgesehenen Zieltermin.

Da es auf dem Weg zum Zieltermin verschiedene Gabelungen geben kann, bieten sich Workshops oder Arbeitsgruppen an, die die einzelnen Varianten verfolgen. Die eine kommt zum Beispiel vom heutigen Standpunkt zum Jahre 2012 unter der Berücksichtigung vermuteter politischer und gesellschaftlicher Veränderungen. Die andere Gruppe geht gedanklich zusätzlich auch den möglichen Konsequenzen kriegsbedingter Einflüsse nach. Aber jede der Gruppe nähert sich dem Jahr 2012 in den Schritten 2004, 2006, 2008, 2010. Es muss jeweils deutlich werden, was aus welchen Gegebenheiten plausibel folgt.

Die Szenario-Technik ist vergleichbar der Geschichtsschreibung mit umgekehrtem Vorzeichen. Historiker nehmen sich zum Beispiel das Thema „Stadtgesellschaften" vor. Sie schauen sich verschiedene Aspekte von heutigen Stadtgesellschaften an und verfolgen Schritt für Schritt zurück, wie sich das, was heute unser städtisches Leben ausmacht, im Laufe der Jahrhunderte entwickelt hat. In Ihrem Zukunftslabor machen Sie es ähnlich. Sie starten ebenfalls beim heutigen Zustand und arbeiten sich schrittweise vor, wie sich zum Beispiel Ihre Zielgruppe bis in zwei, fünf, zehn und mehr Jahren entwickeln wird.

Um zu plausiblen Szenarien zu kommen, brauchen Sie Experten für die Einflüsse, die auf Ihre Zielgruppe einwirken werden. Was wird sich politisch ändern? Welchen Einfluss werden medizinische Fortschritte haben? Welchen Weg nehmen Weltanschauungen und Religionen? Wie vermischen sich die Kulturen? Welche Rohstoffe werden aufgebraucht sein? Wie sieht der Ersatz aus? Ist mit einer neuen Krankheit wie Aids zu rechnen? Welchen Einfluss wird das auf die Zielgruppe haben?

Da es bei verschiedenen Faktoren zu verschiedenen Möglichkeiten kommen kann, lassen sich zu einer Fragestellung unterschiedliche Szenarien entwickeln. Sie können jeweils ein extrem positives und ein extrem negatives Zukunftsbild erstellen und zusätzlich Varianten dazwischen. Sie geben dann dazu an, wie Sie die Wahrscheinlichkeit des Eintreffens bewerten und was passieren muss, damit diese oder jene Variante wahr wird.

Der nächste Schritt, wenn die Szenarien stehen, kann dann ein Projekt sein, das Handlungsalternativen entwickelt, wie eine Vorbereitung auf die Zukunft stattfinden sollte. Es kann auch ein Projekt initiiert werden, das der Frage nachgeht: Wie können wir von uns aus Einfluss nehmen, dass sich die Zukunft so entwickelt, wie wir es wollen?

Nehmen Sie als Beispiel die Verteidigungspolitik. In einem Zukunftslabor werden Szenarien entwickelt zu möglichen kriegerischen Auseinandersetzungen. Das können Kriege im Orient um die Ressource Wasser sein oder Kriege zwischen Kulturen die innerhalb der Schmelztiegel von Metropolen ausgetragen werden.

Aus den entsprechenden Szenarien lassen sich Projekte unterschiedlicher Richtungen ableiten. Einige Projekte befassen sich vielleicht mit Fragen moderner Waffentechnik um die eigene Verteidigungskraft zu stärken. Andere Projekte haben hingegen die Zielrichtung, Handlungsmöglichkeiten zu entwickeln, dass es erst gar nicht zur Notwendigkeit kommt, Waffen einsetzen zu müssen. Sie suchen zum Beispiel nach Möglichkeiten, die Probleme des knappen Wassers zu lösen oder die Verständigung zwischen Kulturen zu verbessern.

Damit kommen Sie wieder auf die drei Kernfragen des Zukunftslabors zurück:

• Mit welcher Zukunft sollten Sie oder Ihr Arbeitgeber rechnen?
• Was können Sie tun oder Ihrer Geschäftsleitung vorschlagen, damit sich die Dinge möglichst in Ihrem Sinne entwickeln?
• Was können Sie tun oder Ihrer Geschäftsleitung vorschlagen, damit das Unternehmen auch in Zukunft noch erfolgreich ist?

Sie können auch weniger komplex im Zukunftslabor arbeiten und zum Beispiel Trendanalysen bezogen auf ganz klar begrenzte Fragestellungen entwickeln.

Beispiele

- Wie werden neue Arbeitsmodelle das Partnerschafts- und Familienleben beeinflussen? Daraus lässt sich zum Beispiel ableiten, welche Erwartungen zukünftig an Schulen gestellt werden. Wie müssen Kinder betreut werden, deren Eltern ständig flexibel für ihre Arbeitgeber unterwegs sind?
- Wie wird sich die Landwirtschaft weiterentwickeln? Daraus lässt sich ableiten, wie lange ein Landmaschinenhersteller noch welche Produkte profitabel am Markt anbieten kann. Oder es müssen Alternativen für Bauern gefunden werden, auf ihren Höfen weiterhin ausreichend zu verdienen.
- Wie wird es sich auf unsere Natur auswirken, dass zunehmend wieder Luchse und Wölfe heimisch werden?
- Was sind die Konsequenzen aus der sich immer weiter öffnenden Schere zwischen einer hochqualifizierten Schicht von Gutverdienern und einer immer ärmer werdenden Schicht von Arbeitslosen und Sozialhilfeempfängern?

In Zukunftslabors soll eine Brücke vom Heute zum Morgen gebaut werden. Auch dazu arbeiten Sie am besten in Phasen wie bei anderen Projekten auch. Welche Phasen das sein werden, hängt von Ihrer Aufgabenstellung ab. Ein brauchbares Modell ist das folgende:

1. Zielfindung für das Zukunftslabor

Legen Sie fest, wozu Ihre Zukunftsforschung dienen soll. Um welche Fragestellungen soll es gehen? Welche Themen sind betroffen? Was soll mit dem Ergebnis Ihrer Arbeit passieren?

2. Informationssammlung

Sie sammeln nicht nur alle Informationen zum aktuellen Stand und zu möglichen Entwicklungen, sondern ziehen auch Experten zu Rate.

3. Entwickeln von Szenarien

Sie entwickeln mindestens drei Zukunftswelten die sich plausibel aus der schrittweisen Verfolgung zu erwartender Entwicklungen ableiten.

Bedenken Sie bitte, dass ohnehin alle Zukunftsforschung spekulativ ist. Sie können keine perfekte Voraussage mit garantierter Treffsicherheit machen. Halten Sie deshalb fest, an welchen Stellen Sie von welchen Annahmen ausgegangen sind und welche möglichen Entwicklungen Sie berücksichtigt oder auch außer Acht gelassen haben.

4. Bewerten der Szenarien

Bewerten Sie nach der Wahrscheinlichkeit des Eintreffens Ihrer Zukunftswelt. Bewerten Sie auch, welche sich als besonders günstig oder ungünstig für Ihr Unternehmen erweisen werden. Fernerhin bewerten Sie, welche Entwicklungen Sie mit welchen Erfolgschancen in positive Richtung lenken könnten.

5. Entwickeln von zukunftsorientierten Strategien

Erarbeiten Sie Vorschläge für Handlungsstrategien zur Vorbereitung auf die Zukunft oder zur Beeinflussung von Entwicklungen.

Dabei kann es sich auch um Konzepte zur Gestaltung neuer Produkte und Dienstleistungen handeln.

6. Präsentieren Sie Ihre Vorschläge

Stellen Sie Ihrer Geschäftsleitung oder Ihren Investoren vor, was Sie im Zukunftslabor erarbeitet haben. Werben Sie für Ihre Vorschläge zu Handlungen. Begründen Sie Projektideen mit Nutzen aus Sicht der Geschäftsleitung oder der Investoren.

Machen Sie dabei auch deutlich, warum Sie am besten geeignet sind, das von Ihnen vorgeschlagene Projekt zum Erfolg zu führen.

Nach einem anderen Phasenmodell ist ein Kfz-Hersteller im Zukunftslabor vorgegangen:

1. Trendanalysen

Zunächst wurde recht breit der Frage nachgegangen, wie sich zukünftig die gesellschaftlichen, politischen und wirtschaftlichen Umfelder verändern werden. Dabei entstanden mehrere schlüssige Szenarien mit wahrscheinlichen Zukunftsprojektionen. Diese haben sich noch nicht speziell auf die eigenen Geschäftsfelder oder die eigenen Zielgruppen bezogen. Es ging ganz allgemein um die Frage: Wie wird vermutlich die Welt von morgen aussehen? Es wurden auch nicht isolierte Einzelereignisse oder einzelne Trends betrachtet, sondern Wechselwirkungen zwischen gesellschaftlichen Phänomenen durchleuchtet.

2. Auswirkungen auf die eigenen Zielgruppen

Als das wahrscheinliche Bild der Welt von morgen in sehr komplexer Vollständigkeit stand, kam als nächste Kernfrage hinzu: Wie erleben das unsere Zielgruppen? Bezogen auf die einzelnen Zielgruppen wurden Antworten zu folgenden Fragen gesucht:

- Welche der zu erwartenden Entwicklungen beeinflussen den Lebensstil nachhaltig?
- Wie wird der Lebensstil sein?
- Wie werden Männer, Frauen, Alte, Junge, Gebildete, weniger Gebildete, Wohlhabende, weniger Wohlhabende, Familien, Alleinstehende … denken, leben und arbeiten? Was werden deren Ideale und Ziele sein?

Auch in diesem zweiten Schritt ging es noch nicht gezielt um eigene Geschäftsfelder. Zunächst sollte einmal für verschiedene Zielgruppen umfassend herausgearbeitet werden, wie sie die Welt von morgen erleben. Es wurden Geschichten über deren Alltag ausgearbeitet.

3. Auswirkungen auf unser Geschäft

Erst im dritten Schritt ging es um die Auswirkungen der Entwicklungen auf das eigene Geschäft als Kfz-Hersteller. Dabei wurden Fragen wie die folgenden bearbeitet:

- Welche Ansprüche an Mobilität werden gestellt?
- Welchen Wert werden Autos neben den Nutzfunktionen als Transport- und Fortbewegungsmittel haben? Prestige? Life Style?
- Welche anderen Möglichkeiten zur Mobilität werden angeboten?
- Wie wirken sich neue Arbeitsformen auf die Ansprüche an Mobilität aus?
- Wie ist das Freizeitverhalten der Zielgruppen?
- Welche Werte und Einstellungen haben Einfluss auf unser Geschäft?

Nach diesem dritten Schritt war die Arbeit des Teams beendet. Parallel hatten andere Teams ebenfalls in Zukunftslabors gearbeitet. Ein Team hat sich mit zu erwartenden technischen Entwicklungen und daraus folgenden Konsequenzen für die Automobilbranche befasst. Ein weiteres Team ging möglichen politischen Entwicklungen weltweit nach. Selbstverständlich haben die Teams sich schon während der Arbeit ausgetauscht. Gleichwohl ging jedes seinen eigenen Weg beim Erforschen der Zukunft.

Die Ergebnisse der Zukunftslabors wurden anschließend von einem neuen Team zusammengeführt. Sie dienten als Basis für weitere Projekte zum Beispiel zur Entwicklung neuer Produkte oder zur Erarbeitung von Unternehmensstrategien und so weiter. Ziel der Unternehmensleitung bei der Sache war: Wir wollen nicht warten, bis die Zukunft uns Probleme zu lösen gibt, sondern heute schon die Zukunft mitgestalten.

 Lassen Sie ein erfolgreich abgeschlossenes Projekt nicht einfach hinter sich. Bleiben Sie mit Ihrer Kreativität am Ball und betrachten Sie es weiterhin aus drei Richtungen:

▶ Wie können Sie das Projektprodukt verbessern und damit für zusätzliche oder zukünftige Anforderungen brauchbar machen?

▶ Wie können Sie sich als Experte zu dem Thema noch mehr einen Namen machen und die Beziehung zum Auftraggeber oder anderen Interessenten festigen?

▶ Wie können Sie auf der Basis Ihres Projekterfolgs für Ihre eigene Karriere weiteren Nutzen generieren?

Lösen Sie als kreativer Projektleiter nicht nur die Probleme, die heute schon bekannt sind. Denken Sie lieber heute schon darüber nach, was Sie tun können, damit die Chancen von morgen genutzt und die Probleme von morgen gelöst werden. Und natürlich denken Sie darüber nach, wie Sie mit Ihrer Innovationskraft Erfolge für sich selbst sichern können!

Gründen Sie ein „Zukunftslabor".

Für Ihr Zukunftslabor brauchen Sie:

▶ ein interdisziplinäres Team kreativer Mitarbeiter,

▶ regelmäßigen Austausch mit Fachleuten aus Politik, Wirtschaft, Kultur ...,

▶ die Ergebnisse sozialwissenschaftlicher Umfeld- und Lebensstilforschung,

▶ Informationen über technische und andere Entwicklungen,

▶ engen Kontakt zur eigenen Zielgruppe und zu deren Medien,

▶ die sichere Beherrschung von Kreativitätstechniken.

Wenn Sie die Chance bekommen, in Ihrem Unternehmen ein Zukunftslabor leiten zu dürfen, dann tun Sie das! Die eventuell zusätzliche Arbeit zu Ihrem normalen Job rechtfertigt sich auf jeden Fall.

▶ Mit dem Zukunftslabor sind Sie automatisch der oder die Erste, wenn das Unternehmen neue Wege geht.

▶ Sie kommen in engen Austausch mit internen und externen Experten aller Fachrichtungen.

▶ Durch die Veröffentlichungen Ihrer Projektergebnisse machen Sie auf sich als kreative und innovative Persönlichkeit aufmerksam.

▶ Sie verschaffen sich eine unschätzbar wertvolle breite Wissensbasis.

▶ Sie werden einer der wichtigsten Berater Ihrer Geschäftsleitung.

Damit ist Ihr beruflicher Erfolg fast unvermeidlich!